基金项目:浙江经济职业技术学院教学改革项目"物流技术创新与应用"
(XKC201709);2018 浙江省优势专业建设项目(物流管理专业)

物流技术创新与实践

主　编　余名宪　　余建海
副主编　万　航　叶　超

浙江工商大学出版社 | 杭州
ZHEJIANG GONGSHANG UNIVERSITY PRESS

图书在版编目(CIP)数据

物流技术创新与实践 / 余名宪，余建海主编. — 杭
州：浙江工商大学出版社，2019.9
ISBN 978-7-5178-3189-1

Ⅰ.①物… Ⅱ.①余… ②余… Ⅲ.①物流技术—技
术革新 Ⅳ.①F253.9

中国版本图书馆 CIP 数据核字(2019)第 071736 号

物流技术创新与实践

WULIU JISHU CHUANGXIN YU SHIJIAN

主　编　余名宪　余建海　副主编　万　航　叶　超

责任编辑　吴岳婷
封面设计　李瑞敏
出版发行　浙江工商大学出版社
　　　　　　（杭州市教工路 198 号　邮政编码 310012）
　　　　　　（E-mail:zjgsupress@163.com）
　　　　　　（网址:http://www.zjgsupress.com）
　　　　　　电话:0571-88904980,88831806(传真)
排　　版　杭州朝曦图文设计有限公司
印　　刷　虎彩印艺股份有限公司
开　　本　710mm×1000mm　1/16
印　　张　10.5
字　　数　183 千
版 印 次　2019 年 9 月第 1 版　2019 年 9 月第 1 次印刷
书　　号　ISBN 978-7-5178-3189-1
定　　价　36.00 元

目　　录

第一章 "互联网＋"概述

【学习目标】

1."互联网＋"的定义。

2."互联网＋"的特征。

【案例导入】

滴滴专车是滴滴打车于2014年8月19日宣布推出的为高端商务出行人群提供优质服务的产品,也是针对传统出租车行业推出滴滴打车软件之后上线的第二款产品。滴滴打车软件面向出租打车用户群体,而滴滴专车则面向中高端商务专车群体,这意味着对用车行业的覆盖将更加全面,也能够为用户提供更加多元化的出行方式。

滴滴专车目前在北京、广州、深圳、上海、杭州、厦门、郑州等一线城市已经开通。滴滴专车是基于移动互联网技术的高端商务出行服务信息提供和撮合交易平台。平台为租赁车企业和驾驶员劳务公司提供"实时"和"预约"的个性化、高端商务出行需求信息,并通过统一服务标准、服务规范和完善的服务保障体系保证交易的成功率和满意度。滴滴专车定位于中高端群体,主打中高端商务用车服务市场,与传统的出租车有本质区别,两者相互补充并为用户提供更加多元化的出行方式。在滴滴专车信息平台上,车辆和司机均来自合法有资质的汽车租赁公司和司机劳务公司,经过严格的层层筛选,审核培训。每辆专车都是价位在20万元以上的中高档汽车,司机师傅统一着装、全程标准化商务礼仪服务,上下车主动开关车门、提行李,车内还备有免费充电器、饮品、干湿纸巾、雨伞、儿童老人专属靠垫等出行必备用品。

尤其是在一线城市,滴滴专车正成为解决城市运力的最有效出行选择。滴滴专车自2014年8月上线以来,已经覆盖到了北京、上海、广州、深圳等16个大型城市,城市数量还在进一步扩张中,用户可以预约专车,可以呼叫专车,享受更优质的出行服务。

(资料来源:滴滴专车网)

第一节 "互联网＋"的提出

国内"互联网＋"理念的提出并未明确与"＋互联网"的区别,两种模式主体不同,适合的经济体也不同,不可通俗地认为加上互联网就是"互联网＋",这一概念最早可以追溯到2012年11月于扬在易观第五届移动互联网博览会的发言。易观国际董事长兼首席执行官于扬首次提出"互联网＋"理念。他认为:"在未来,'互联网＋'公式应该是我们所在的行业的产品和服务,在与我们未来看到的多屏全网跨平台用户场景结合之后产生的这样一种化学公式。我们可以按照这样一个思路找到若干这样的想法。而怎么找到你所在行业的'互联网＋'是企业需要思考的问题。"

2014年11月,李克强总理出席首届世界互联网大会时指出,互联网是大众创业、万众创新的新工具。其中"大众创业、万众创新"正是此次政府工作报告中的重要主题,被称作中国经济体制增效升级的"新引擎",可见其重要作用。

2015年3月,全国两会上,全国人大代表马化腾提交了《关于以"互联网＋"为驱动,推进我国经济社会创新发展的建议》的议案,对经济社会的创新提出了建议和看法。他呼吁,我们需要持续以"互联网＋"为驱动,鼓励产业创新、促进跨界融合、惠及社会民生,推动我国经济和社会的创新发展。马化腾表示,"互联网＋"是指利用互联网的平台、信息通信技术把互联网和包括传统行业在内的各行各业结合起来,从而在新领域创造一种新生态。他希望这种生态战略能够被国家采纳,成为国家战略。

2015年3月5日上午十二届全国人大三次会议上,李克强总理在政府工作报告中首次提出"互联网＋"行动计划。李克强在政府工作报告中提出:"制定'互联网＋'行动计划,推动移动互联网、云计算、大数据、物联网等与现代制造业结合,促进电子商务、工业互联网和互联网金融健康发展,引导互联网企业拓展国际市场。"

2015年7月4日,经李克强总理签批,国务院印发《关于积极推进"互联网＋"行动的指导意见》(以下简称《指导意见》),这是推动互联网由消费领域向生产领域拓展,加速提升产业发展水平,增强各行业创新能力,构筑经济社会发展新优势和新动能的重要举措。

2015年12月16日,第二届世界互联网大会在浙江乌镇开幕。在举行"互联网＋"的论坛上,中国互联网发展基金会联合百度、阿里巴巴、腾讯共同发起倡议,成立"中国互联网＋联盟"。

第二节 "互联网＋"的定义

2015年3月15日,中国日报网刊登的《"互联网＋"引领创新2.0时代》一文认为:所谓"互联网＋",实际上是创新2.0下的互联网发展新形态、新业态,是知识社会创新2.0推动下的互联网形态演进。新一代信息技术发展催生了创新2.0,而创新2.0又反过来作用于新一代信息技术形态的形成与发展,重塑了物联网、云计算、社会计算、大数据等新一代信息技术的新形态,并进一步推动知识社会以用户创新、开放创新、大众创新、协同创新为特点的创新2.0,改变了我们的生产、工作、生活方式,也引领了创新驱动发展的"新常态"。

本书认为,"互联网＋"是创新2.0时代或工业化4.0时代的产物,是伴随着物联网、信息化、网络化、云计算、大数据等技术发展应用下的产物。从字面意义上看是"互联网＋各行各业(尤其是传统产业)",但其本质意义绝非两者的简单相加,而应是一种利用互联网思维,利用新的信息化技术、网络技术、云计算技术等技术平台,改造甚至是颠覆传统产业的产业形态和运营模式等新的技术革命。

这种新技术代表一种新的产业发展方向,它充分发挥了互联网在社会资源配置中的整合、优化和集成作用,通过网络技术、云计算技术及大数据技术将社会分散的个体与个体、个体与企业、企业与企业等连接起来,使得全社会参与到整个社会经济文化等生产中,形成了以互联网为整个经济活动的基础设施和工具的新经济形态的同时,也促进了信息传播业和商业、商业与商业之间的深度融合(如阿里巴巴既发展电子商务,也发展信息传播业等),它所带来的不仅是全社会的创造力和生产力的提升,更是对传统社会政治、经济、文化等领域的颠覆与重塑。

第三节 "互联网＋"的特征

首先,我们要来讨论"互联网＋"的本质是什么。

阿里巴巴研究院认为:"互联网＋"的本质是传统产业经过互联网改造后的在线化、数据化。我们认为,"互联网＋"的本质是传统产业的互联网转型升级,具体来说就是利用大数据、智能化、移动互联网、云计算和物联网等与传统产业结合,实现传统产业的"四化",即标准化、信息化、网络化和数据化。"互联网+"企业四大落地系统(商业模式、管理模式、生产模式营销模式),其中最核心的就是商业模式的互联网化,即利用互联网精神(平等、开放、协作、分享)来颠覆和重构整个商业价值链。

一、免费商业模式

如果有一种商业模式既可以统摄未来的市场,又可以击垮当前的市场,那就是免费模式。信息时代的精神领袖克里斯·安德森在《免费:商业的未来》中归纳基于核心服务完全免费的商业模式:一是直接交叉补贴,二是第三方市场,三是免费加收费,四是纯免费。

免费,是互联网服务行业的最重要特征之一。在电子商务、网络门户、网络社交、分类信息网站、地方门户、网络游戏、电子邮箱、搜索引擎、即时通讯等互联网领域,面向大众的互联网服务均采用免费的策略吸引用户,再以流量和用户规模为指标衡量网站或服务的市场价值。可以说,没有免费的策略,就没有今日互联网的广发与普及和数亿的庞大互联网用户群。没有免费,也就不可能产生新浪、搜狐、网易、盛大、阿里巴巴等互联网企业巨头。

从电子邮件到电子公告板,从门户网站到电子商务网站,从社交网站到分类信息网站,大多数互联网服务都基于免费的商业模式,即使收费类服务其前提也是拥有庞大的免费用户基数。互联网行业的盈利模式主要来自于三个方面:服务销售收入、第三方付费收入(主要指广告收入)、中间性收入(主要指网络支付等服务的手续费)。互联网行业直接服务收入所涉及的服务主要包括恋爱交友类服务、商品或服务信息发布类服务、特定信息类服务、特定内容性服务、部分商业社交类服务、部分网络游戏服务。在直接收费的服务领域,有着大致相同的特征,一是属于特定对象的需求,比如恋爱交友类网站;二是属于交易性需求,比如商品或信息发布会;三是属于转移成本较高的服务,比如高端商务社交类服务或网络游戏类服务。除了第三种外,前两者的共同特征是解决了网民或企业现实中的需求,将现实的需求通过互联网低成本、高效率实现,这是互联网行业收费得以实现的基础。通过第三方付费形式维系的互联网服务,则大多具有满足网民虚拟网络需求而非现实需求的特征,或者服务以信息存在而不需要现实的物质基础。比如电子邮件服务,曾经在2000年前后网络泡沫大崩溃时,有个别服务企业启动了收费策略,但最终无疾而终。这就是因为电子邮件以信息形式存在而没有实物的参与,还有就是门户网站肯定不可能向浏览的用户收费。

互联网行业的免费模式,实践在互联网行业特殊的竞争环境和要素基础上。首先,用户群体规模是互联网服务生存的关键。没有足够的用户数量,就没有互联网服务的生存空间。在互联网行业的发展过程中,技术超前于需求,网络服务超前于用户习惯,培养用户成为互联网企业必须经历的过程,这就是免费商业模式产生的根源。其次,互联网行业最本质的特征是信息传递,而信息传递产生收入的价值来自于规模、便利、快捷,信息规模是服务的前提,为了吸引用户发布大量信息,就必须采取免费的方式。最后,互联网行业发展初期,服务的复制在没有获得庞大的黏合力很强的用户基础前是非常困难的,为了快速筑起竞争壁垒,互联网企业不得不提供免费服务。

综观互联网服务行业的发展,免费是商业模式的最重要特征之一。

二、长尾商业模式

长尾商业模式的核心是多样少量:他们专注于为利基市场提供大量产品,每种产品相对而言卖得都少。利基产品销售总额可以与凭借少量畅销产品产生绝大多数销售额的传统模式相媲美。长尾模式需要低库存成本和强大的平台,并使得利基产品对于兴趣买家来说容易获得。长尾理论由克里斯·安德森提出,这个理论描述了媒体行业从面向大量用户销售少数拳头产品,到销售庞大数量 的利基产品的转变,而每种利基产品都只产生小额销售量。长尾理论在媒体行业以外的其他行业也同样有效。与此同时,安德森认为有三个经济触发因素引起了长尾现象。一是生产工具的大众化:不断降低的技术成本使得个人可以接触到几年前还价格昂贵得吓人的工具。二是分销渠道的大众化:电子商务使得产品能以极低的库存、沟通成本和交易费用,为利基产品开拓新市场。三是连接双方的搜索成本不断下降:销售利基产品的挑战是找到感兴趣的潜在买家。现在强大的搜索和几大电子商务平台,已经让这些容易得多了。

三、跨界商业模式

马云曾经说过一句很任性的话,"如果银行不改变,那我们就改变银行"，于是余额宝就诞生了，余额宝推出半年规模就接近 3000 亿。而我们熟悉的雕爷不仅做了牛腩，还做了烤串、下午茶、煎饼，甚至进军美甲。雷军做了手机，做了电视，做了农业，还要做汽车、智能家居。

互联网为什么能够如此迅速地颠覆传统行业呢？互联网的颠覆实质上就是利用高效率来整合低效率，对传统产业核心要素的再分配，也是生产关系的重构，并以此来提升整体系统效率。互联网企业通过减少中间环节，减少渠道不必要的损耗，减少产品从生产到进入用户手中的环节来提高效率，降低成本。因此，对于互联网企业来说，只要抓住传统企业价值链条当中的低效或高利润环节，利用互联网工具和互联网思维，重新构建商业价值链就有机会获得成功。

四、平台商业模式

平台商业模式的核心是打造足够大的平台，产品更为多元化和多样化，更加重视用户体验和产品的闭环设计。

张瑞敏对平台型企业的理解就是利用互联网平台，企业可以放大，原因：第一，这个平台是开放的，可以整合全球的各种资源；第二，这个平台可以让所有的用户参与进来，实现企业与用户之间的零距离。在互联网时代，用户的需求变化越来越快，越来越难以捉摸，单靠企业自身所拥有的资源、人才和能力很难快速满足用户的个性需求，这就要求打开企业的边界，建立一个更大的商业生态圈来满足用户的个性化需求。所以平台模式的精髓，在于打造一个多方共赢互利的生态圈。

但对于传统企业而言，不要轻易尝试做平台，尤其是中小企业不要一味地追求大而全，做大平台，而是应该集中自己的优势资源，发现自身产品或服务的独特性，精准地瞄住目标客户，发掘出用户的痛点，设计好针对用户痛点的极致产品，围绕产品打造核心用户群，并以此为据点快速地打造一个品牌。

平台商业模式的精髓在于打造一个完善的、成长潜能巨大的"生态圈"。它拥有独树一帜的精密规范和机制系统，能有效激励多方群体之间的互动，达成平台企业的愿景。

互联网专家谢文认为，达到 Facebook 和苹果级别和标准的才叫开放平台。从这个意义上说，开放至少是三维的。

第一维，应用开放。开放自身平台的各种标准接口，欢迎第三方提供各类应用，共享用户，共同服务。

第二维,横向开放。开放平台本身欢迎第三方平台或网站互联互通,让用户在不同平台和网站间畅通无阻。

第三维,数据开放。在保护用户隐私前提下,开放用户基本数据、关系数据和行为数据,同第三方一起打造个性化、个人化、智能化、实时化的服务模式。

五、O2O 商业模式

2012 年 9 月,腾讯 CEO 马化腾在互联网大会的演讲中提到,移动互联网的地理位置信息带来了一个崭新的机遇,这个机遇就是 O2O。二维码是线上和线下的关键入口,要想将后端丰富的资源带到前端,O2O 和二维码是移动开发者应该具备的基础能力。

O2O 是 Online To Offline 的英文简称。狭义的 O2O 就是线上交易,线下体验的商务模式,主要包括两种场景:一是从线上到线下,用户在线上购买或预订服务,再到线下商户实地享受服务,目前这种类型比较多;二是从线下到线上,用户通过线下实体店体验并选好商品,然后通过线上下单来购买商品。

广义的 O2O 就是将互联网思维与传统产业相融合,未来 O2O 的发展将突破线上和线下的界限,实现线上线下,虚实之间的深度融合,其模式的核心是基于平等、开放、互动、迭代、共享等互联网思维,利用高效率、低成本的互联网信息技术,改造传统产业链中的低效率环节。

O2O 的核心价值是充分利用线上和线下渠道各自的优势,让用户实现全渠道购物。线上的价值就是方便,随时随地,并且品类丰富,不受时间和空间的限制。线下的价值在于商品看得见摸得着,且即时可得。从这个角度看,O2O 应该把两个渠道的价值和优势无缝对接起来,让用户觉得每个渠道都有价值。

六、社群商业模式

互联网的发展,使信息交流越来越便捷,志同道合的人更容易聚在一起形成社群。同时,互联网将散落在各地的星星点点的分散需求聚拢在同一个平台上,形成新的共同的需求,并形成了规模,实现了重聚的价值。

如今互联网正在孕育新的商业模式,即"工具＋社群＋电商/微商"。比如微信,最开始就是一个社交工具,先是通过工具属性/社交属性/价值内容的核心功能过滤掉海量的目标客户,加入了朋友圈点赞与评论等社区功能,继而添加了微信支付、精选商品、电影票、手机话费充值等商业功能。又比如现在有一款特别针对商务社群资源对接和共享的工具,叫"对上",它有着社群人脉地图、"对上"排行榜等特色鲜明的实用功能,可以帮助线下活动场景中的人们快速了解,并在有一定用户信息的基础上快速匹配,这有点像 Linkedin+Uber 模式。为什么会出现这种情况?简单来说,工具如同一道锐利的刀锋,它能够满足用户的痛点需求,用来做流量的入口,但它无法有效地沉淀粉丝用户;社群是关系属性,用来沉淀流量;商业是交易属性,用来变现流量价值。三者看上去是三张皮,但内在的逻辑是一体化的。"互联网+社群"并不是否定过去所有正确的商业思维,颠覆所有产业,颠覆所有商业模式。"互联网+社群"是商业社会自身进化的一个阶段,在新的经济社会形态下和客户需求下,企业进化所需的商业思维模式;企业需要在产品、技术、用户体验、渠道、市场营销等几个方面进行自我提高、自我进化。这些就是"互联网+社群"的根本所在,就是企业实施"互联网+社群"战略的基础所在。

【问题与思考】

1.简述"互联网+"的定义。

2."互联网+"的特征有哪些?

第二章 "互联网＋物流"下发展机遇与转型

【学习目标】

1．"互联网＋物流"的特征。

2．物流＋电商的商业模式。

3．移动互联网＋物流。

【案例导入】

"饿了么"是 2008 年创立的本地生活平台，主营在线外卖、新零售、即时配送和餐饮供应链等业务。

创业 9 年，饿了么以"Make Everything 30min"为使命，致力于用创新科技打造全球领先的本地生活平台，推动了中国餐饮行业的数字化进程，将外卖培养成中国人继做饭、堂食后的第三种常规就餐方式。

截至 2017 年 6 月，饿了么在线外卖平台覆盖全国 2000 个城市，加盟餐厅 130 万家，用户量达 2.6 亿。业绩持续高速增长的同时，公司员工也超过15000 人。

目前，饿了么已获融资总额达 23.4 亿美元，投资方包括阿里巴巴、蚂蚁金服、中信产业基金、华人文化产业基金和红杉资本等世界顶级企业和投资机构，是全球瞩目的独角兽和外卖行业领军公司。

(资料来源：饿了么网站)

第一节 "互联网＋物流"的产生与发展

产生于 20 世纪 60 年代的互联网改变了人们的生活方式和消费习惯，也改变了众多行业的发展模式；但随着人们对互联网认识的深入，我们逐渐发现它对我们的影响才刚刚开始。

在 2015 年 3 月召开的全国人民代表大会和中国人民政治协商会议上，李克强总理提出了"互联网＋"行动计划。所谓的"互联网＋"就是"互联网＋各个传统行业"，如"互联网＋金融""互联网＋物流""互联网＋教育""互联网＋医疗""互联网＋农业"等,运用信息平台,让互联网与传统行业深度融合创造出新的经营模式。在未来"互联网＋"的发展前景广阔。

一、"互联网＋物流"的产生

互联网曾在军事作战中发挥了巨大作用,而在知识经济兴起的时代,也将掀起一阵狂澜,给传统企业造成巨大冲击,那么传统企业应该如何面对这一冲击呢?

当前,电子商务、微商、支付宝等正渐渐兴起,并逐渐改变我们的消费行为和消费习惯,互联网的发展也改变了传统企业的经营模式,使其纷纷与互联网相融合,提升自身的竞争优势。

随着互联网与各个传统行业相融合,传统行业的发展也面临新的挑战。以物流行业为例,在互联网时代消费者通过购物平台下单之后,物流行业就要运输,但运输速度过慢的问题渐渐突显出来,无法满足客户的需求。

每年的"双11"是各大商家进行年终促销的大好时机,但消费者下单之后的很长一段时间里都不见商家发货。互联网的出现,为商家提供了新的营销渠道,但物流行业的手忙脚乱也是不可忽视的问题。

传统的物流行业以人工劳力为主,基础设施简单,大多数的物流公司规模小,员工数量少,因而面对庞大的订单、堆积如山的快件时,由于人手不足,无法满足客户的需求。与此同时,物流量的原始驱动力也开始发生变化,电子商务的兴起提高了物流量,第三方物流正逐渐被取代,朝小批量、多批次、高频率发展。

随着互联网的发展,消费者形成了以线上网购和线下体验为主的两种购物模式。虽然网购有很大的发展前景,但与线下实体店相比,消费者无法及时试穿、试用,产品的到达时间也有一定的滞后性,无法给客户提供即时的体验服务。

虽然顺丰意识到线上网购的缺陷,推出了网购社区服务店——嘿客,为客户提供智能、便捷的体验,但是这种便民服务也是基于虚拟化的。社区服务店内没有存货,消费者在店内选购了满意的商品却不能及时带走,仍然离不开物流配送。嘿客的出现是基于互联网的方式为消费者提供更完善的体验服务,但是消费者却不容易适应消费方式的改变。

新的商业运营模式给传统的物流行业以巨大冲击,而消费者的需求在这种冲击中越来越旺盛。消费者要求物流速度快,又要求能够及时地体验产品。在双重要求下,传统的物流行业必须进行自我整合,与互联网相融合,实现"互联网＋物流"的发展模式,不仅要解决消费者的需求问题,同时还要运用"互联网＋"思维整合传统企业,充分利用大数据,顺应时代发展的要求,实现自身的发展。

一、"互联网＋物流"的发展

1."互联网＋"可以全面推进物流的信息化

传统的物流行业与互联网相融合,可以实现精细、科学的管理和物流自控化、智能化和网络化。

"互联网＋物流"模式不是简单地通过计算机技术建立网站、发布信息,而是用智能化的手段全程监控物流,实现信息化和资源共享。

与互联网融合后,消费者可以通过微信选购、下单、支付,托运司机也可以在发生交通事故时,拍几张车的照片上传到微信,不等查勘员来就可以完成定损。而在传统的零担货运中,运用互联网思维可以更科学合理地管理物流运营,提高运输效率:通过微信等社交平台确定货源,通过 GPS 定位运输位置,通过网络处理投诉理赔等。

2."互联网＋物流"为延伸精准营销提供了可能

虽然消费者很反感一些营销的电话,但却乐于接到快递的电话。由此可以看出,只要恰当地利用互联网这个平台,提高物流行业的服务能力,运用信息化的手段监管,就可以形成粉丝经济。再加上物流企业通过线上网购掌握了详细的用户资料,如姓名、地址、联系方式等,那么就可以发展定制物流服务了。

3."互联网＋物流"可以加速向其他业态渗透

物流由于其特殊性,很容易和其他行业相融合,进而拓展业务。或许物流自身不赚钱,但其延伸出来的业态却能够获取利润。

淘宝上最常见的一种营销模式就是包邮,给消费者物流免费的错觉,但实际上运费已经包含在产品的价格中了。四川航空大巴免费,却能盈利上亿元的秘诀也是如此,它能同时兼顾乘客、司机、汽车公司、航空公司四者的利益。因此,在互联网与传统企业相融合的过程中,只要做好物流行业向其他业态的延伸,就能够实现盈利。

物流在向其他业态渗透的过程中,也应做好营销,毕竟利润的获取还需要客户的消费。当前,物流行业还存在诸多缺陷,如经营规模小、市场份额少、货源单一、竞争能力弱等,亟须进行整合,增强自身竞争力。"互联网＋物流"的模式一定要充分利用大数据,实现信息化监管。

成立于 2013 年的菜鸟网,就是在"互联网＋"时代的一个成功的典型。菜鸟网用智能化的手段管理整个物流流程,充分利用数据库分析数据,采用信息化手段控制物流运输节奏。它不是自建物流,而是为其他公司提供服务平台。发宝网也是一个基于"互联网＋"兴起的平台,与搜索引擎和大众点评模式相融合,旨在为发货方提供高性价比的物流平台。

从整体看来,"互联网＋物流"除了可以向其他业态延伸之外,也可以像众筹一样,由个人或组织发起,向大众募资,带来更大的发展空司。

第二节 "互联网＋物流"发展机遇与 10 大新特征

一、"互联网＋物流"发展机遇

"互联网＋"时代,对物流行业来说充满了新的机遇和挑战。一方面"互联网＋物流"为传统物流行业提供了突破式发展的新引擎和新模式;另一方面,如果不能够从发展定位、整合模式、运营体系、品牌塑造及社群整合等诸多层面进行自我重构,物流业就很难站立在"互联网＋"的时代风口,借助新时代形势实现行业的跨越发展。

二、"互联网＋物流"十大新特征

对"互联网＋物流"要进行准确定位和解读,识别和明晰其所具有的主要特征,成为关乎物流业发展存亡的所在。

1. 物流节点在线:线下节点全面线上化,线上节点指数级增长

网点(门店、营业部、收货点等)、中转点(分拨中心、园区、仓库、园区等)、车辆(厢式,高栏等多种形式)、人员(销售、收货员、送货员、驾驶员、中间商(3PL、黄牛等)等)、线路(专线、支线、社区环线等)是传统线下物流的主要节点,也是推动物流转型的关键所在。

"互联网＋"的到来以及电子商务的快速发展,必将对这些线下实体节点形成冲击,促使其逐渐向线上、透明化、去中介化、网络化等方向转型,最终实现基于"互联网＋"的行业重构。

这一重构过程的最显著表现是,越来越多的线下节点通过多种方式转到线上,在推动线上物流节点趋向多元化的同时,也使得节点数量呈现出指数级增长。这一节点暴增趋势主要表现在 4 个方面。

（1）web 端

通过自建网上营业厅、信息平台、交易平台、运营平台、共享网络,或者依托于电商、营销、商业服务等其他大型平台,实现对物流节点的最大整合。

（2）移动端

对微博、微信（群）、公众号、网络社区、App 应用等多种新型媒体进行社会化、移动化、本地化、实时化操作,以整合更多的网络物流资源。

（3）智能硬件端

将线下节点的操作过程、风险、数据、信息等全面接入手表、电视、跟踪设备等智能终端,以实现物流的智能化管理。

（4）轻应用

通过整合各类 HTML5 的场景、应用、平台等内容,降低物流节点的接入门槛,开启更多物流可能,以随心随时融合线下物流体系。

2. 物流多网互联：单一物流网络路更窄,多元网络互通是未来

今天的物流已被人网、车网、钱网等各种各样的网络所笼罩,不免让人茫然无措,难以准确把握行业的发展情况和趋势。"物联网＋"对物流行业的巨大冲击和重构,以及大量资本的疯狂涌入,更是对行业格局增加了无穷变数。

其实,互联网多元、开放、共享的特征决定了"互联网＋"下的物流必然转型多网互联的模式。

从对国内主流互联网网络和物流实体网络的发展状况和商业模式分析中,可以看出,无论物流整合者想要如何玩转该行业,如果不能实现物流多元网络互通的转向,就无法超越单一网络在资源、地域、人才、资本、信息、数据、技术等方面的局限性,也就无法掌控"互联网＋"下的物流行业的未来。特别是在国内市场空间广阔、需求多元、地域差异较大的情况下,通过多网互联整合物流大市场就更加必要。

当前越来越多的跨界合作、并购整合、战略合作、抱团合作、加盟共赢、联盟共生、平台共建现象,正是物流行业借助"互联网＋"的便利,向互联互动、共享共生、共谋共赢的综合物流产业网络转型的具体表现。

3. 物流资源众包：多维分享经济互联,进入生态人人众包

"互联网"的高度开放性、共享性和整合性特征让以往的存量资源有了

更多的创造价值的可能性。众包就是这种存量资源优化的最典型模式，也是互联网对传统行业进行改造的核心所在。

具体到物流行业，过去的物流模式导致了车辆、人员、社会限制空间等很多存量资源的闲置化和隐性化。"互联网＋"下对物流行业的重构必然会对这些存量资源优化利用，发挥出它们在空间和时间上的价值。这一过程的最典型模式就是"互联网＋物流"生态之下的进化与众包。进化主要体现在物流进行的本地化调整策略，以实现适者生存。由于国内市场的地域差异很大，需求呈现多元化特点，使得任何单一的模式都无法完全实现对社会资源的最大整合，满足市场需求。

"互联网＋"下的新物流将呈现出多维分享经济互联、进化生态人人众包的特点。具体体现于以下两种趋势。

一是"互联网＋物流"将在城镇中显示出无与伦比的优势。众包模式使更多的存量资源（停车场、社会限制车辆、社会人员等）创造出物流价值，实现了在城镇物流毛细化情况下，对碎片化的空间、时间等资源的最大优化、整合、利用。

另一方面，广阔的农村地区将成为下一个"互联网＋物流"整合的巨大资源库。众包物流模式将开启物流人下乡、乡下人物流的新局面，杂货店、村主任、组长、个体户、创业者等物流领域中特殊的组织形式，则都有可能成为"物联网＋物流"的众包者。

4. 物流管理去中心：控制与分布共存，自治文化将颠覆物流组织

互联网将从战略、策略、运营、组织、制度、流程、文化等各个方面变革物流管理，实现控制与分布共存，转向物流管理的去中心化。具体来看，"互联网＋物流"对物流管理的重构主要表现在以下几点。

战略层面上，相比以往单一的长期战略规划，快速应变和灵活调整的持续战略布局，更能顺应"互联网＋"下物流快速变革的趋势。

策略上，由于物流市场的不断扩展和变化，固守原有市场已经无法在行业中获得竞争优势，必须不断拓展市场选择。中心策略是树立起独特的核心优势，利用互联网新平台整合更多物流资源，创新更多物流产品。

运营上，相比以往物流运营体系过多的人为控制和干预，"互联网＋"下的物流运营转向了标准化、系统化、动态管理的弱控制方式。

在物流组织方式上，互联网具有的无中心性和无边界性特质，使传统物流的层级分工组织不再具有竞争力。随之而来的是能够激发基层活力、快速化反应、扁平化决策的平台型网络组织方式。

在制度设计上，基于人们对多元化、个性化消费需求的追逐，"互联网

＋"下的物流要想占有更多的市场和客户,个性化、人性化的制定设计就不可或缺。

流程上,"互联网＋"将以系统化、透明化、协同化为核心准则重构物流流程。文化层面上,自由、民主、个性、共赢、创新、温情等新的文化特征将取代传统的人情世故、等级关系,从而重塑传统物流的认知模式,构建"互联网＋"下物流新的价值取向。

5.物流自平台涌现:平台经济混沌是常态,催生物流自平台海量来袭

互联网开放共享的平台化特征正在重构着传统行业的平台化转向。具体到物流行业,"互联网＋"对传统物流的冲击使物流市场处于高度混沌状态中,每个物流企业都在积极行动和转变中摸索具有优势的物流新模式。

这个过程中,最具吸引力的一个变化是物流自平台的形成和大量涌现。这种自平台融入互联网基因,不依附于任何组织和团队,从小处做起,逐渐演变成一个服务于物流产业链的自平台生态系统,从而以一种全新的方式完成了对传统物流的重构。

借助于互联网思维和手段,利用微信、微博等社会媒介平台,以分享共赢为价值理念,发挥本地属性,自平台将物流融入其他行业之中,从而衍生出"互联网＋"下的一种全新的物流商业模式,并使人才、技术、服务等传统物流资源创造出了更多新的市场价值。

同时,这一由自平台衍生出的物流商业模式具有无限的想象力和极大的可塑性。比如,向前可以演变为公司,向后可以演变为团体,向左可以通达多元产业,向右可以开启整合棋局,向上可以服务物流需求方,向下则可以积累终端客户。这些,都将开启国内物流市场的新格局。

6.物流产品迭代快:服务产品化常态,产品、速度、精度三剑制胜

"互联网＋"对传统物流业的重构不仅表现在对信息流的改变上,更表现在对物流服务形式的变革上。

不论是快递、快运,还是跨界服务或者具体的海陆空实操服务,"互联网＋"下新物流的创新,更多的是建构起围绕服务的具有品牌价值的产品(服务产品化),而非单一的服务。这种情况将成为"互联网＋"物流的常态,也促使着物流服务的不断创新与迭代。

因此,物流参与者必须顺应"互联网＋"的新形势,将互联网的思维、个性、情怀与创造融入自我变革中,推进服务的产品化转向,塑造出具有品牌价值和竞争力的产品。其中,产品(具有品牌价值)、速度(产品迭代、推广

和成长速度)、精度(客户定位、服务内容和对市场变化反应的准确度)是"互联网＋"下新物流竞争优势的 3 个重要支点,也是保证其成功的核心要素。

7. 物流碎片变模块:碎片物流现契机,"互联网＋"下的模块整合

电子商务的快速发展扩张满足了多元化、个性化的市场需求,但也使物流行业面临着小货化、碎片化需求的新局面,给诸多物流企业带来了极大困扰,甚至不得不放弃碎片化业务而追求更稳定的业务。

然而,长尾、碎片正是互联网时代市场的需求特征。因此,"互联网＋"下的新物流,需要通过对大量长尾信息的整合、分类,进行区别服务。不同于传统物流 B2B 的服务模式,新的物流服务模式将是从 B 到 C、从店到家、从家到个性。并且,这种新服务模式还将倒逼物流在人力配置、流程设计、服务定位、管理规划等环节的重构。

总之,长尾化、碎片化的业务需求对传统物流来说既是一种挑战,更是一个进行自我变革重构的契机。传统物流利用互联网平台将碎片化和非计划的业务需求进行匹配、优化、组合,并通过模块整合,以满足市场个性化、多元化的需求。物流参与者只有顺应这种市场变化的趋势,才能创造出更多的利润空间,完成从传统物流向"互联网＋物流"的重构和转型。

8. 物流响应全天候:场景物流催生全天候,物流开启永远在线

传统物流夜间服务和场景化服务很少,已越来越无法满足互联网时代市场的个性化、多元化需求。"互联网＋"下的新物流则能够优化整合传统物流的隐性资源,创造出更多的服务价值。

一方面,"互联网＋物流"在物流常态化服务之外,还将围绕企业和个人生活进行假日物流、会议物流、旅游物流、礼物物流、到家物流等新的场景化物流服务,以应对市场的多元化、场景化需求对物流服务的新挑战。另一方面,借助于互联网和移动互联网,"互联网＋"下的新物流将是一种 7×24 永远在线、随时随地、随叫随到的服务模式,并能因此产生更多的细分产品,创造更多的物流价值。

就当前来看,国内已有一些物流企业开始尝试物流响应全天候的布局模式,以满足越来越多的场景化服务和不间断服务需求。同时,这种趋势也是物流行业发展变革的必然选择,是"互联网＋物流"拓展市场空间、创造更多物流价值的要求使然。

9. 物流多元无疆:互联网是糖也是毒,扛得住诱惑才赢得了未来

近几年,很多物流企业围绕自身的战略布局进行更多的衍生服务,其

至探索主业之外的二次产业。这种跨界潮流,实质上是物流企业在"互联网＋"的推动下进行的一种多元化战略。

只不过,在这个风云变幻的"互联网＋"时代下,不论是对于物流企业还是其他行业,跨界进行多元化战略布局未必就是唯一的发展选择。因为跨界布局在分散风险的同时,也分散了有限的精力,使得物流企业无法再将原有的服务产品做到极致,从而失去了更多的获利机会。

总之,互联网是糖也是毒,扛得住诱惑才赢得了未来。因此,对于"互联网＋物流"来说,必须对跨界的利弊有着准确的认识和定位,不盲目跟风,慎重选择物流多元化战略。

10. 物流全程可视:互联网驱动可视化可视程度仍需考虑物流实效

从初期的订单动态查询、车况查询,到如今的车辆位置、满载率以及交易信息等内容的查询,再到由物流平台变革带来的全流程、全天候、全视角的可视化转变。曾经仅仅作为理论设想的物流可视化,在电子商务和互联网科技的推动下,正在变成现实。

一方面,"互联网＋"对物流的重构必将极大地推动物流全程可视化的进程,促进物流企业的快速成长。另一方面,对很多物流参与者特别是中小物流企业和跨物流组织来说,在信息接口的获取、数据的标准化以及物流流程可视的范围、内容、频率等方面,仍然任重道远。

诚然,云计算、大数据、移动互联网的发展应用,为"互联网＋物流"的全程可视化提供了可能。不过,在操作过程中,物流的可视化程度必须考虑到实际物流参与方在安全、利益和服务等方面的诉求。因为对于物流本身来说,非透明可视的中间环节和信息往往正是物流的核心价值所在,也是物流服务过程利益交织的焦点。

因此,实现"互联网＋"下的物流全程可视化,可取的方式是,因地制宜,从小环节、小范围开始探索,逐步衍生和扩张,可概括为:小起步、大格局,因地益、快迭代、速成长、求共生。

以上我们从10个方面分析了"互联网＋"下新物流呈现的特征。对于物流的具体参与者来说,面对"互联网＋"给传统物流带来的各种发展机遇和诱惑,不能盲从跟风,而是要以理性的态度,积极借鉴融合新的元素实现优势互补,以构建出自己独特的核心能力和价值。只有这样,才能从容应对"互联网＋"带来的新机遇和挑战,在行业重构中占据主动。

一句话,在"互联网＋物流"机遇与风险并存、竞争愈发激烈情况下,物流参与者只有经得住诱惑,才能赢得了未来!

第三节 "互联网＋物流"的转型

一、传统物流＋互联网应注意的问题

进入 2016 年后，"互联网＋"计划得到进一步实施。在大环境的推动下，不少传统企业开始寻求转型，对以往的商业模式、管理结构、推广模式、创新思维和生产组织体系进行调整。很多传统企业开始涉足电商领域，一些公司通过联手互联网企业推动自身发展，还有部分公司开展互联网金融等相关业务的运营，或者尝试采用线上线下相结合的模式，开通微信公众平台，进行线上推广，抑或将产品研发与后续的推广、销售等环节联结起来，形成完整的闭环系统。

在长期的发展过程中，国内传统物流企业承担着资源分配，促进总体战略实施的重要任务，使生产方与需求方之间实现资源对接，加速了社会经济的进步，其推动作用在计划经济时期尤为突出。后来，我国实施了改革开放政策，确立了社会主义市场经济体制。宏观经济环境发生了变化而传统物流企业的组织体系及管理方式等仍然停留在传统模式中，与社会经济发展的主流趋势脱节，企业陷入困境，需要进行改革与升级。很多传统企业想要趁"互联网＋"的契机进行转型，但这种转型方式要求公司在内部调整、整体运营、创新等各个环节做出改变。那么，怎么样才能推测传统企业能否通过"互联网＋"顺利转型？有什么参考因素？企业在转型过程中应该注意哪些问题？

二、传统物流企业变革的深层原因和契机

从传统企业发展的角度来分析，当前的整体发展趋势将起到积极的带动作用。据统计，2015 年我国国内生产总值的增长率为 6.9%，全社会货运量达 450.2 亿吨，比上一年增加了 4.4%，由此可以得出的结论是，近年来国内经济总量还在持续上升阶段，与此同时，物流量也会呈增长态势。在这种形势下，传统企业因为其内部存在的诸多弊端阻碍了行业整体的发展，难以满足时代进步的要求，更要抓紧时间进行转型。传统物流企业在传统体制的限制下，存在供需不平衡、规模较小、管理能力弱、竞争力不足、

融资能力低、缺乏信息资源的支持、缺乏行业标准、运营效率低等问题。有相当一部分企业对传统制度的改革并不彻底，未引进先进的技术，仍然采用传统的管理方式，缺乏完整的信息系统作为支撑，导致整体物流运作效率低下，企业存在的诸多弊端使其运营成本居高不下，也无法帮助客户节约货运投入。为了改变这种局面，企业必须进行转型。

三、传统物流企业转型过程中的关键

上面分析了传统物流在运营中存在的种种弊端，以及导致企业出现这些问题的原因。现在就来探讨一下传统物流企业在转型时需要注重的几个方面。

1.注重信息共享

通过沟通互动，实现信息共享。传统模式下的物流公司，不同部门各个参与主体之间很难共享信息资源，因而，公司的业务运营缺乏有效的信息参考，存在很多不可控因素，甚至可能给企业带来巨大的经济损失，给企业的发展带来不利影响。2014年以来，包括云鸟配送、运满满、货车帮在内的互联物流信息都获得了投资者的支持。这些平台的共同之处在于，通过移动应用软件将信息汇集到线上平台，方便货主与司机之间的交流。如果传统企业也通过平台化运营提高信息资源的利用率，就能加速整个企业的运转，避免盲目地开展业务，并通过这种方式突显企业的竞争优势。

2.注重创新

创新包含很多方面，这里侧重与技术相关的创新。例如，通过打造一个综合的物流信息服务平台充分发挥网络平台的优势，实现资源的整合及优化配置，提高物流企业的整体盈利能力。传统物流企业通过创新能够提高自身的智能化及信息化水平，促进企业运营与互联网的深度结合。如今，无论是同城货运平台"云鸟配送"，还是一站式运输服务平台oTMS，都通过大数据分析技术及智能匹配技术的应用，在降低运输成本的同时，提高运输效率，提高服务质量。如果传统物流企业也能借鉴互联网企业的领先技术，用于完善物流系统，就能打造出集信息获取、货物运输、资金运转为一体的生态体系。从宏观角度分析，在今后几年的发展中，企业转型将成为传统物流行业的重点。如果能在这个阶段更加注重信息共享与技术创新，跟上时代发展的需要，传统物流行业就能走出低谷，迎来行业发展的新时期。

3.传统物流转型升级

随着物流利好政策的相继出台及"互联网＋"热潮的爆发,我国的物流产业在新一代信息技术及诸多资本巨头的支撑下,有望发展"后发优势"。进入 2015 年后,大量的创业者不断进入物流领域,在商业模式、盈利模式和运营及管理模式等方面进行了创新发展。自 2015 年以来,整个物流产业表现出以下三种发展趋势:

(1)传统物流开始转型升级,物流产业链获得极大拓展

传统物流的转型升级主要包括两种方式:其一是以海尔、美的为代表的巨头企业为了提升服务体验并打造闭环生态而延伸产业链,将物流板块纳入其"帝国版图";其二是传统物流公司在现有物流产品及服务的基础上,逐渐发展成为现代物流企业。与采用第一种转型方式的企业相比,由于采用第二种转型方式的企业在多年的发展过程中建立起了较强的配送网络及客户资源优势,其转型升级相对更容易实现。例如,远成物流通过成立"远成快运",在全国范围内建立了强大的配送网络;在公路零担领域占据绝对领先优势的德邦物流积极拓展仓储及快递业务等。

(2)"物流＋互联网"模式对物流产业进行了颠覆性创新

电商业务量的迅猛增长及新一代信息技术的持续突破,使得物流产业成为人们生活的重要组成部分,大量的创业者及投融资机构争相进入物流领域掘金。社会化大生产及互联网所引发的行业变革,使得物流配送方式从最初的车配送逐渐发展为高效精准的零担配送,互联网创业热潮更是让物流产业的颠覆式创新迎来了爆发式增长期。货车帮、运满满、罗计物流等移动端应用为了抢占更多的市场份额,展开了激烈竞争;阿里巴巴打造的菜鸟网络要用"大数据＋大物流"在全国范围内提供 24 小时送货必达服务;人人快递、京东等切入众包物流市场,想要借着共享经济模式的红利在物流领域抢得先机。百花争艳的中国物流市场焕发出强大的生机与活力。

(3)新型物流衍生的服务型企业大量涌现

作为为上游生产商及渠道商提供服务的物流企业,其盈利模式日益多元化。除了最为基本的收取物流服务费用外,物流企业也开始尝试通过增值服务获取收益;虚拟生产、物流金融等新兴模式在盈利能力方面展现出了强大的发展潜力,物流人才培训、供应链管理、物流配送方案设计、信息系统搭建等诸多的衍生服务型企业大量涌现。

四、如何构建互联网时代的竞争战略

在诸多传统行业转型升级的时代浪潮下,传统物流也开始迎来蜕变;电子商务及移动互联网的蓬勃发展,更是进一步加快了传统物流产业的转型进程。在各行各业纷纷触网的年代,物流行业也出现了一些通过整合线上及线下物流资源、优化配送流程、促进互联网与物流深度融合,来对物流产业进行颠覆性创新的弄潮儿。但在整个物流行业尚未建立起统一的行业标准的背景下,仅凭这些创新者的力量很难将管理粗放、高端增值服务缺失、行业格局分散的物流产业拉出泥潭。在这种机遇与挑战并存的移动互联网时代,想要在物流市场掘金的物流从业者及企业又该如何明确自己的重点发展战路,并在激烈的市场竞争中建立核心竞争力? 具体来说,物流从业者及企业需要做好以下几个方面。

1. 选择适合企业的重点业务模式

物流产业涉及诸多环节,而且物流配送的货物种类十分复杂,生鲜、服装、艺术品、化工品、家用电器、机械配件等,都在物流行业的配送范围中。但货物本身的差异会导致其对物流服务存在不同的需求。一般的物流企业本不具备全品类运输的能力,但国内的物流企业盲目追求规模大、服务品类全,缺少核心产品及服务,导致物流运输效率较低、成本居高不下。

因此,一要选择适合企业的重点业务模式,二要利用大数据提升服务体验,三要立志长远,坚持人才战略,四要寻求专业化、集约化协同发展。虽然物流产业正朝着多元化及平台化的方向发展,但对于一家物流企业尤其是中小物流企业而言,没有明确的市场定位及业务模式就很难在激烈的市场竞争中形成较强的品牌影响力。如果能在某一细分市场精耕细作,提供"小而美"的物流产品及服务,即便是中小物流企业也能够获取高额的回报。更为关键的是,在社会化大生产的背景下,这种中小物流企业能够作为大型物流巨头产业链上诸多环节的重要组成部分,来与行业巨头共享市场蛋糕。

2. 利用大数据提升服务体验

用户主导的移动互联网时代,企业价值的创造必定是建立在为用户创造价值的基础上。所以,通过运用以大数据为代表的诸多新技术来优化企业的运营及管理环节,为消费者提供更为优质的服务体验,将成为企业发展差异化竞争并建立核心竞争力的关键所在。一般来说,物流企业优化客户服务体验可以从以下两方面进行。其一,对客户群体进行细分。在消费需求日益个性化及差异化的背景下,物流企业需要改变以往用统一的标准来服务不同客户的思维模式,尝试为不同的客户群体提供定制化的物流服务解决方案。其二,搜集客户数据,掌握其消费需求。移动互联网时代,企业获取客户相关数据的成本大幅度降低,在社交媒体平台、电商平台等互联网平台中,企业可以获取大量的数据,并借助数据处理工具建立客户数据库,从而为企业优化客户服务体验提供数据支撑。

3.立足长远,坚持人才战略

在各行各业掀起的创业热潮中,更加偏向于重资产运营的物流产业对人才的吸引力明显不足,而且物流企业普遍采用粗放式管理,这也把大量的优秀人才拒之门外。企业之间的竞争终究还要落到人才之争上,为了解决人才匮乏的问题,企业不但要拿出更多的资源来培养及引进人才,而且要制定长期的物流人才发展战略。

4.追求专业化、集约化协同发展

从现代物流的发展情况来看,未来,协同化、专业化及集约化将会成为物流产业的几大主要特征。以专业化为例,物流产业覆盖范围广泛,产业链拥有诸多环节,而且客户的需求日益多元化及差异化,而物流专业化则可以有效降低成本,并进一步提升产品及服务的附加值,从而使企业获取高额的回报。以移动互联网、大数据为代表的高科技的快速发展,将引领物流产业进入产品及服务颠覆式创新的爆发期。车货匹配、云物流、可视化流程等技术的出现使传统物流产业脱离了原有的发展轨迹,物流运营及管理效率获得大幅度提升,资源配置得到了进一步优化。未来,物流企业需要在发展中积极引入新技术、新模式,加快自身信息化建设的进程。此外,传统物流企业的粗放式管理很难让其在激烈的竞争中存活下来,随着产业结构调整的进一步深入,大量的中小物流企业将被收购、兼并或者走向消亡。这将有效改变现有物流行业“小、散、乱”的行业乱象。实现高度集约化、智能化的现代物流产业园将会在未来爆发出巨大的能量。广大物流企业必须积极做出相应的调整,以便能够适应这场巨大的产业改革,为此,需要把握市场的发展潮流,了解消费需求,通过定制化产品服务提高附加值;结合大数据分析技术,优化运力资源,降低空载率;提高新一代信息技术,实现跨区域管理,并进一步拓展上下游产业链;对业务流程进行改造优化,使组织结构更趋扁平化。

第四节 "互联网＋物流"的应用

【案例一】揭秘菜鸟平台的智能物流体系

电商企业选择布局物流产业的最根本因素,是为了能够通过完善的物流配送服务为广大消费者创造良好的购物服务体验,从而进一步提升平台的交易额,阿里在物流领域核心布局的菜鸟物流当然也不例外。

阿里旗下的淘宝、天猫虽然拥有着亿级用户流量,而且成交额也稳步增长,但在物流服务领域面对着居高不下的快递投诉率,作为平台方的阿里显得有心无力。再加上京东自建的物流快速崛起以及拥有全球配送体系亚马逊大力进入中国市场,更是进一步加速了阿里布局物流的速度。深知自建物流所要耗费巨额成本,阿里并没有选择自建物流,而是要打造出一个开放的大型综合物流体系"菜鸟网络"。菜鸟网络通过整合淘宝、天猫的海量交易及物流信息的数据网络"天网",整合了全国多个配送中心资源的"地网",更加高效、精准地配置物流资源,全面提升物流配送效率,降低物流配送成本。2016 年 3 月 28 日,菜鸟网络和多个国内快递公司及物流企业共同宣布成立"菜鸟联盟"。菜鸟联盟成立至今,已经推出了当日达、次日达等优质的产品及服务,在旗下的淘宝、天猫等电商平台的物流服务体验得到进一步优化的同时,更有效提升了自身在物流领域的话语权。目前,菜鸟联盟正在积极推动物流行业的服务分层,通过大数据云计算、物联网、移动互联网等高科技技术提升物流企业的配送服务能力,并在电商平台上对这些能够提供优质配送服务体验的物流企业予以重点推广多领域布局,构建全方位物流生态体系。

首先,阿里在引入银泰集团及复星国际作为投资方来共担风险的同时,更通过这两家合作伙伴在全国各地购入大量物流地产。据媒体公布的数据显示,目前菜鸟网络已经在全国范围内拥有了共计超过 1300 万 m² 物流用地;其次,与在全国范围内拥有优质线下门店资源及仓储中心的苏宁云商进行战略合作,2015 年 8 月,阿里宣布投资约 280 亿元人民币参与苏宁云商的非公开发行股份,而后者则表示将投入 140 亿元认购不超过 2780 万股的阿里新发行的股份。从传统零售转型而来的苏宁云商,截至 2016 年 6 月底,其在国内拥有 1588 家线下门店及 450 万平方米仓储网络。最后,由阿里已经入股的专业智能仓配一体化解决方案提供商——"心怡科技"负责天猫超市的核心仓储管理服务。

除了这三点外,阿里还投资了包括日日顺、全峰快递、百世汇通、圆通快递、高德地图、卡行天下和新加坡邮政等诸多海内外物流领域的优质企业。针对不同用户,提供高效解决方案。除了提供以大数据为支撑的传统快递服务外,菜鸟网络还可以为广大电商平台入驻商家提供仓储配送网络服务、跨境网络服务,能够为物流公司提供物流云服务及大数据分析服务。此外,为了配合淘宝、天猫的渠道下沉战略,菜鸟网络还推出了专门面向农村卖家及消费者的农村物流。而菜鸟驿站的上线则为解决"最后一公里"配送问题提供了有效的解决方案。

◆仓配网络服务:商家产品统一入仓,节省大量成本

毋庸置疑的是,仓储配送网络服务乃是菜鸟网络的核心业务,也是阿里与京东等自建物流的电商平台进行竞争的重要手段,是菜鸟网络核心竞争力的重要组成部分。目前,与菜鸟网络合作的广大卖家可以使用菜鸟提供的仓储中心,而且收到卖家的订单后,也由菜鸟代为发货。当然,自备仓储设施的卖家可以使用自己的仓库,菜鸟只负责物流配送。无论是出于盈利目的,还是为了增强自身在产业链中的话语权,显然菜鸟都是想要全面接管卖家的商品仓储、发货、配送等一系列仓储配送网络服务,但由于目前菜鸟网络仍处于初级发展阶段,需要通过多种模式并行以吸引更多的商家,并提升品牌的影响力。

◆快递平台服务:整合分散资源,提升标准化程度

菜鸟网络对与之合作的物流公司及仓储公司的离散资源进行高度整合,从而为广大消费者及卖家提供更为标准化、规范化的物流服务。

◆菜鸟驿站:"最后一公里"配送服务方案解决者

菜鸟驿站被视作与菜鸟网络与物流公司推出的自提柜进行有效竞争的重要底牌,经过几年的发展,截至2016年11月,菜鸟驿站已经在全国范围内拥有超过4万多个线下网点。

◆变革行业竞争格局,打造物流闭环生态

从菜鸟网络的长期战略目标来看,它想要的是有效推动国内电商物流产业发展水平的进一步提升,让广大快递物流企业为消费者提供优质购物服务体验。作为一个开放性的综合平台,菜鸟网络并不想要敲企业的饭碗,但这会让快递领域的竞争格局发生重大变化,加入菜鸟网络的几家快递公司会拥有相对稳定的市场份额。

一方面,几乎不可能出现垄断性的物流公司;另一方面,未加入菜鸟网络的公司在电商物流市场竞争中将会被边缘化。此外,菜鸟以下三个方面

的动作也将会对快递公司的发展产生重大影响。首先,通过自身拥有的遍布全国的仓储配送网络以及海量交易与物流数据打造的数据库,将会使物流配送服务更趋标准化,使卖家及物流公司能够针对不同消费群体的个性化需求提供差异化服务,如菜鸟网络目前已经上线的当日达、次日达及预约配送等。其次,打造标准化的物流配送服务,建立以大数据、云计算、物联网等高科技为支撑的分布式仓配体系"仓配网"。在物流配送方面,阿里没有选择高成本的自建方式,而是和第三方物流服务公司进行合作。通过建立仓配网,菜鸟取代卖家直接与快递公司进行对接,在减轻广大卖家业务量的同时,也提升了自身在产业链中的话语权。最后,成立菜鸟驿站,为解决饱受用户诟病的"最后一公里"配送问题提供了有效解决方案。未来,如果菜鸟的战略目标能够成为现实,快递公司在产业链中的地位将会被明显削弱,甚至成为阿里打造闭环生态系统中的一个组成部分。所以,那些想要打造自己主导的仓储配送网络的快递公司很可能将会与菜鸟网络竞争,菜鸟网络想要仅靠高科技与物流配送中心来支配商品流动是不现实的,从本质上看,物流产业是一个投资回报周期较长的重资产驱动型领域,即使 BAT 三巨头联手,也不能垄断国内的物流产业,更何况是一个阿里。对快递公司而言,一方面,积极与菜鸟网络进行合作,与更多的合作伙伴共同将市场蛋糕做大;另一方面,快递公司不要完全依赖于电商物流业务,要逐步提升非电商件的比重,拓展产业链的深度及广度,向更为广阔的农村配送、国际配送等领域进军,这样才不至于在与参与市场竞争过程中处于劣势地位。

(案例来源:重远物流网)

【案例二】顺丰供应链金融的四大产品体系

从顺丰的战略布局来看,仓储、配送及融资无疑是其目前正在积极拓展的三大核心领域。而在仓储及配送领域,顺丰已经深耕多年并且已经在市场中建立了较强的品牌影响力。那么顺丰的金融业务又该如何布局?在市场竞争颇为激烈的金融领域,顺丰这个"门外汉"又能怎样出其不意地布局呢?

◆开通仓储融资,打造物流服务闭环

2015 年 3 月,顺丰官方发言人表示,顺丰在全国范围内拥有的超过 100 个仓库将向广大电商卖家全面开放,在为后者提供最为基本的分仓备货服务的同时,还为其提供仓储融资服务。在顺丰仓库中提前备货的优质卖家,不但能够利用顺丰的全国性配送网络实现就近发货,而且还能通过存储在顺丰仓库的货物申请到一笔货款。该业务上线后，迅速在社会各界引发了广泛热议。顺丰拥有着强大的物流配送网络及遍布全国的仓储中心，如今又上线仓储融资服务，很明显其目的是要打造出一个完善的物流服务闭环生态系统。顺丰的仓储融资服务之所以能够被广泛关注，不仅因为顺丰的跨界行为，更多还是在于这款金融产品具备的特色。

据顺丰发布的信息显示，仓储融资服务主要面向具备良好信誉的电商卖家，后者需要将存储在顺丰仓库中的货物进行抵押。它有效解决了卖家在采购商品时遇到的临时性资金短缺问题，让商家可以放心地在顺丰仓库进行备货的同时，获得一笔数额在100万~3000万元的应急资金。据公布的数据显示，现阶段顺丰已经在沈阳、北京、上海、西安、武汉和成都打造了多个大型物流分发中心，在全国超过50个重点城市建立了上百个仓储中心（总面积达到近百万平方米），再加上顺丰在国内范围内建立的数万个线下服务网点，最终形成了全国性的电商仓储配送体系。在这基础上，顺丰的仓储融资业务也能够为全国各地有需求的电商卖家提供优质服务。

◆顺丰仓储金融具有的独特优势

能够打造出一个完善的闭环生态系统向来是广大商家梦寐以求的目标，在越来越多的互联网巨头跨界而来的背景下，顺丰必然要加快自身的进程，才能在未来的市场竞争中具有较强的领先优势。为了更好地发展金融领域，顺丰专门组建了金融服务事业群。2014年10月，顺丰开发出的仓储融资产品进入内部测试阶段。2015年3月，顺丰宣布仓储融资产品正式上线。那么，与市场中已经存在的诸多金融产品相比，顺丰推出的仓储融资产品又具有哪些方面的优势呢？首先，现阶段越来越多的电商企业正在积极向轻资产模式转型，但这也导致他们由于缺乏能够被银行认可的固定资产，而导致无法从银行中获得货款。受制于资金短缺问题，很多企业的发展陷入困境，而顺丰推出的仓储融资服务，则可以让电商企业以一定数量的商品作为抵押，来获得应急资金。由于存在货物抵押，顺丰也能够有效控制资金风险，而且在和客户进行合作时，顺丰也将为广大客户提供一系列优惠措施从而为客户创造更高的价值。

1. 顺小货

与其他三款供应链金融产品相比，顺小货门槛更低，操作更为便利灵活。顺小货主要面向的是信誉较好而且与顺丰存在合作关系的实体经销商与电商企业，贷款额度为5万~100万元。顺小货的上线，在提高客户黏性的同时，也为顺丰整合了诸多优质商家资源，为顺丰向更为广大的领域进行拓展打下了坚实的基础。

2. 保理融资

现阶段,顺丰的保理融资主要是在顺丰与供应商签订货物购销合同的基础上,买断顺丰供应商对顺丰的应收账款,并为供应商提供贷款服务。该产品为客户提供了较长的还款周期,而且需要支付的利息也相对较低。未来,顺丰会将保理融资产品的服务范围扩展至供应链中的所有与自身存在应收及应付关系的客户群体,并为他们提供以现金贷款为代表的诸多金融产品及服务。更为关键的是,由于顺丰多年来在商品流通领域积累的丰富经验,其推出的仓储融资服务十分契合物流行业特征。一般情况下,传统金融机构推出的抵押贷款服务是相对静态的,它不能根据企业所拥有的动态变化的抵押品实时地调整贷款额度,而顺丰则能借助其打造的仓储管理系统(WMS),对企业的货物流通情况进行有效监测并实时记录,这就为顺丰为客户提供更加灵活的融资服务打下了坚实的基础。此外,顺丰提供了两种不同的贷款融资服务,从而让电商企业能够据自身的个性化需求选择合适的融资服务。

其一,先款后货。这种模式中,顺丰先给企业提供资金,后者用这笔资金采购商品,并将商品存储在顺丰仓库内。

其二,先货后款。该模式则是企业将货物先存储在顺丰的仓库中,顺丰将根据货物的价值提供相应数额的贷款。

◆顺丰供应链金融四大产品

当然,想要切入金融市场的顺丰自然不可能完全依赖仓储融资服务,目前顺丰还推出了订单融资、顺小货及保理融资服务。这四大供应链金融产品几乎覆盖了所有物流领域的金融需求。下面将对其进行具体分析。

1. 仓储融资

顺丰仓储融资的最大亮点在于它实现了动态质押,基于大数据、移动互联网等技术,顺丰仓储中心能够对仓储数据进行实时同步,这使得顺丰的仓储融资产品可以动态调整授信额度,从而更为精准高效地满足商家的融资需求。

2. 订单融资

订单融资主要面向的是与顺丰存在长期合作关系的客户,其具体流程:客户向供应商提交订单的同时,也将订单的相关信息提交给顺丰,之后将由顺丰全面负责该订单的采购流程。从付款到运输,再到仓储,最后到交货都由顺丰帮助商家完成,从而使客户享受一站式供应链金融服务。如今已经有很多电商企业享受到了顺丰订单金融服务所带来的巨大优势,而且在和客户进行合作时,顺丰也将为广大客户提供一系列优惠措施从而为客户创造更高的价值。

3. 顺小货

与其他三款供应链金融产品相比,顺小货门槛更低,操作更为便利灵活。顺小货主要面向的是信誉较好而且与顺丰存在合作关系的实体经销商与电商企业,贷款额度为 5 万～100 万元。顺小货的上线,在提高客户黏性的同时,也为顺丰整合了诸多优质商家资源,为顺丰向更为广阔的领域进行拓展打下了坚实的基础。

4. 保理融资

现阶段,顺丰的保理融资主要是在顺丰与供应商签订货物购销合同的基础上,买断顺丰供应商对顺丰的应收账款,并为供应商提供货款服务。该产品为客户提供了较长的还款周期,而且需要支付的利息也相对较低。未来,顺丰会将保理融资产品的服务范围扩展至供应链中的所有与自身存在应收及应付关系的客户群体,并为他们提供以现金货款为代表的诸多金融产品及服务。

(案例来源:"金储宝"微信公众号)

【问题与思考】

1. "互联网＋物流"发展机遇有哪些与 10 大新特征?

2. 传统物流企业如何转型,应把握的策略有哪些?

3. 阿里巴巴为什么要构建智能物流体系?

4. 阿里巴巴为什么要建菜鸟驿站?

5. 顺丰物流＋供应链金融如何进行构建?

第三章　RFID技术及其创新应用

【学习目标】

　　1.掌握 RFID 技术的定义。

　　2.掌握 RFID 系统的组成。

　　3.了解 RFID 技术的研究现状。

　　4.了解 RFID 技术的应用案例。

　　5.基本具备 RFID 技术的创新思维。

【案例导入】

　　香港国际机场（Hong Kong International Airport,以下简称 HKIA），作为香港以及珠江三角洲（Pearl River Delta,以下简称 PRD)地区经济发展的重要引擎,已变成了控制货物、乘客、资本和数据等流向的重要基地。为维持香港在亚洲的航空主导及物流中心的地位,香港国际机场做出了重要贡献。

　　过去数年间,HKIA 的旅客输送量显著增加,2007 年的机场货运处理量分别达到了 4780 万吨（与前年度相比增加了 7.5％)以及 374 万吨（与前年度相比增加了 4.5％)。飞机来往航次也达到了一年间 294580 个班次（与 2006 年相比增加了 5.4％),即每日约有 800 架客机往返。在世界上,HKIA 也是位居前五位的客、货运的大规模综合国际机场。在 HKIA,有 85 家航空公司运航,拥有以香港为中心的中国 40 个城市在内的世界 150 个地域间结成航空网络,路线丰富。

　　为应对机场使用需求爆炸式增长这一难题,机场准备了约 45 亿美元,在 T1 的中央大厅的扩张工程和乘客吞吐能力强化项目以及滑行跑道的回收工程等方面进行积极地投资。所有机场性能提高的相关项目都于 2010 年完工,同时机场方面还积极进行空客 380 等世界最大规模的民用客机的接收安排。

　　作为 HKIA 来说,为保持来自海外及中国本土持续增加的客流量,就必须在效率、安防、安全等方面继续维持世界顶尖水平。尤其是必须提升机场乘客的吞吐量,而这项指标的提高就与高效的经营息息相关。

　　香港国际机场在行李处理等工作中实施了 RFID 技术。所谓的行李处理,是指在安检处接收乘客的行李后,通过机场内的传送带等根据目的地分别进行分类整理,送到指定飞机上的搬送系统。

作为提升业务的效率性和顾客满意度的一个举措,2004 年 5 月,HKIA 决定在所有接客柜台发行 EPC 标准的超高频电子标签,作为行李标签贴附于行李上(见图 3-1)。这种电子标签是印有条码的兼用型电子标签,过去所使用的条码标签全部被替换成这种电子标签。

图 3-1 HKIA 行李处理 RFID 系统(RFID 世界网)

电子标签表现得很出色。过去,为了全方位读取行李传送带上粘贴在行李表面、朝向各不相同的条码标签,需要在传送带周围各个角度设置多个扫描头。而且为了提高读取的精确度,扫描器必须近距离设置,否则信号不佳也会加大读取障碍。受各种条件限制,传送带的传送速度和扫描器的读取能力都无法取得突破。

电子标签不管标签朝向、读取距离远近,在高速移动状态下仍能被准确读取。此外标签存储的数据量也相对较大,可信赖程度也更高。相对于条码正确读取率80%的情况,电子标签的读取率高达97%。

不仅仅是 HKIA 内一号航站楼和二号航站楼中的接客柜台,机场外九龙站处两个人站登记台,香港站的机场快线,甚至珠江三角洲等地的接客柜台都实行了在行李上贴附电子标签的制度。

出国行李中90%的行李(约 4 万个)每天通过 50 家航空公司被送出。这些行李也都被粘贴了电子标签运往机场。

国泰航空是最早决定采用这个新型电子标签的航空公司之一。国泰希望通过使用 RFID 技术,为航空公司和旅客双方都带来便利。

HKIA 的行李托运是,利用电子标签的固有识别号进行读取,读取后将自动判定行李的目的地。

将 EPC 编码和 IATA 管理识别号码写入超高频电子标签,标签从各个接客柜台输出后通过人工作业粘贴到行李上。其后经由机场内行李处理系统中的"首次分类处理线"与"二次分类处理线"出入口上设置的读取器对电子标签的固有识别号进行读取,读取后将自动判定行李的目的地。

运载前,对分配给各个航空公司专用的装载着旅客行李的通用机载集装箱(Universal Loading Device,缩写 ULD)进行数据读取,这样可以确保行李确实被运载到正确的飞机上。一旦查出弄错的行李就能马上与工作人员取得联系。

综上所述,粘贴上电子标签的行李从办理登机手续的接客柜台一直到装机前为止的机场内部的所有时间内,其动向都可以得到跟踪监控。

为使得整个流程都实现自动化,机场内设置了约 200 台固定型读取器,同时装备约 200 台的手持型读取器。用来连接这些读取器的天线的数量达到了约 600 台。而且,电子标签的年均消费量约在 2000 万枚以上。

顺带谈及的是频率,香港机场使用的超高频频率 920～925MHz 和 866～868MHz,双频并用。

RFID 实施行李处理系统后收到了下面这些效果:

(1)标签读取率提升,行李处理效率也得到提升;

(2)行李的接收处理能力大幅度提升;

(3)行李的正确跟踪定位成为可能,行李动向透明化使得安防水平得以提升;

(4)行李丢失情况减少,相关各种经济纠纷费用得以节约。

目前除了 HKIA 之外,也有其他机场着手实施 RFID 行李处理系统项目,来积极提高运营效率。

(案例来源:《RFID 物联网世界最新应用》)

第一节　RFID 技术

RFID(射频识别)技术是一种无线自动识别技术,又称为电子标签技术,是自动识别技术的一种创新。RFID 技术具有众多优点,广泛应用于交通、物流、安全、防伪等领域,其在很多应用领域作为条形码等识别技术的升级换代产品。下面简述 RFID 的基本原理、分类以及典型应用。

一、RFID 的基本原理

典型 RFID 的应用系统相对简单而清晰,其基本的组成如图 3-2 所示。

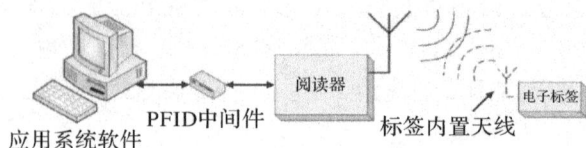

图 3-2　RFID 应用系统组成图（图片来源：测控网 ck365.cn）

从概念上来讲，RFID 类似于条码扫描，对于条码技术而言，它是将已编码的条形码附着于目标物，并使用专用的扫描读写器利用光信号将信息由条形码传送到扫描读写器；而 RFID 则使用专用的 RFID 读写器及专门的可附着于目标物的 RFID 标签，利用频率信号将信息由 RFID 标签传送至 RFID 读写器。

通常的 RFID 系统包括前端的射频部分和后台的计算机应用系统软件。射频部分由读写器和电子标签组成。电子标签中植有 IC 芯片，电子标签和读写器通过电磁波进行信息的传输和交换。因此，电子标签用于存储所标识物品的身份和属性信息；读写器作为信息采集终端，利用射频信号对电子标签进行识别并与计算机应用系统进行通信。在 RFID 的实际应用中，电子标签附着在被识别的物体表面或者内部。当带有电子标签的物品通过读写器的识读范围时，读写器自动地以非接触的方式将电子标签中的约定识别信息读取出来，依据需要可以对标签中信息进行改动，从而实现非接触甚至远距离自动识别物品功能。

二、分类与应用

RFID 系统中，标签和读写器是核心部件。依据两者不同的特点，可以对 RFID 进行以下分类。

1.按照标签的供电形式

按照标签的供电形式，射频标签可以分为有源和无源两种形式。有源标签使用标签内电源提供的能量，识别距离较远（可以达到几十米甚至上百米），但寿命相对有限并且价格相对较高。无源标签内不含电源，工作时从读写器的电磁场中获取能量，其重量轻、体积小，可以制作成各种薄片或者挂扣的形式，寿命很长且成本很低，但通信距离受到限制，需要较大功率的读写器。

2.按照标签的数据调制方式

根据标签数据调制方式的不同，可以分为主动式、被动式和半主动式。

主动式的射频标签用自身的射频能量主动发送数据给读写器,调制方式可以是调幅、调频或者调相。被动式的射频标签使用调制散射的方式发送数据,必须利用读写器的载波来调制自身基带信号,读写器可以保证只激活一定范围内的射频标签。

在实际应用中,必须给标签提供能量才能工作。主动式标签内部自带电池进行供电,因而工作可靠性高,信号传输的距离远,但其主要缺点是因为电池的存在,其使用寿命受到限制,随着电池电力的消耗,数据传输的距离也会越来越短,从而影响系统的正常工作。

被动式标签内部不带电池,要靠外界提供能量才能正常工作。被动式标签产生电能的典型装置是天线与线圈。当标签进入系统的工作区域时,天线接收到特定的电磁波,线圈就会产生感应电流,在经过整流电路时,激活电路上的微型标签以给标签供电。而被动式标签的主要缺点在于其传输距离较短,信号的强度受到限制,所以需要读写器的功率比较大。

此外,还有半主动式RFID系统。半主动式标签本身也带有电池,只起到对标签内部数字电路供电的作用,标签并不利用自身能量主动发送数据,只有被读写器发射的电磁信号激活时,才能传送自身的数据。

3.按照工作频率

按照工作频率分为低频、中高频、超高频和微波系统。低频系统的工作频率一般为30~300kHz。低频系统典型的工作频率是125kHz和133 (134)kHz,有相应的国际标准。其基本特点是标签的成本较低,标签内保存的数据量较少,读写距离较短(通常是10cm左右)。电子标签外形多样,阅读天线方向性不强,这类标签在畜牧业和动物管理方面应用较多。

中高频系统的工作频率一般为3~30MHz。这个频段典型的RFID的工作频率为13.56MHz,在这个频段上有众多的国际标准予以支持。其基本特点是电子标签及读写器成本比较低,标签内保存的数据量较大,读写距离较远(可达到1m以上),适应性强,性能能够满足大多数场合的需要,外形一般为卡状,读写器和标签天线均有一定的方向性。目前在我国,13.56MHz的RFID产品应用相当广泛,例如,我国的第二代居民身份证系统、北京公交"一卡通"、广州"羊城通"及大多数校园一卡通等都是该频段RFID系统。

超高频和微波频段典型RFID系统的工作频率一般为300MHz~3GHz或者大于3GHz。典型的工作频率为433.92MHz、862(902)~928MHz、2.45GHz和5.8GHz。根据各频段电磁波传播的特点可适用于不同的应用需求,例如433MHz有源标签常用于近距离通信及工业控制领域;915MHz 无源标签系统是物流领域的首选;2.45GHz 除广泛应用于近距离通信之外,还广泛地应用于我国的铁道运输识别管理中;5.8GHz 的 RFID 系统更是作为我国电子收费系统(Electronic Toll Collection,ETC,高速公路不停车收费系统)的工作频段,并率先制定了国家 ETC 标准。

4. 按照耦合类型

按照耦合类型分为电感耦合系统和电磁反向散射耦合系统。在电感耦合系统中,读写器和标签之间的信号传输类似变压器模型,其原理是通过电磁感应定律实现空间高频交变磁场的耦合。

电感耦合方式一般使用于中、低频工作的近距离射频识别系统,其典型频率有 125kHz、134kHz 和 13.56MHz。其识别距离一般小于 1m,系统的典型作用距离为 10~20cm。

在电磁反向散射耦合系统中,读写器和电子标签之间的通信实现依照雷达系统模型,即读写器发射出去的电磁波,碰到标签目标后,由反射信号带回标签信息,依据的是电磁波的空间传输规律。

电磁反向散射耦合系统一般使用于高频及微波频段工作的远距离 RFID 系统,典型频率为 433MHz、915MHz、2.45GHz 和 5.8GHz。其识别距离一般在 1m 以上,例如,915MHz 无源标签系统,典型作用距离为 3~15m,广泛应用于物流、跟踪及识别领域。

射频识别技术在北美、欧洲、澳洲以及日本、韩国等国家和地区已经被广泛地应用于工业自动化、商业自动化、交通运输管理等众多领域,如汽车、火车等交通监控,高速公路自动收费系统,停车场管理系统,特殊物品管理,安全出入检查,流水线生产自动化,仓储管理,动物管理,车辆防盗等领域。在我国由于射频识别技术起步稍晚一些,目前主要应用于公共交通、地铁、校园、社会保障等方面。其中,我国射频标签应用最大的项目是第二代居民身份证。

射频识别技术在未来的发展中还可以结合其他高新技术,如 GPS(Global Positioning System,全球定位系统)、生物识别等技术,由单一识别向多功能识别方向发展。同时,还可结合现代通信及计算机技术,实现跨地区、跨行业的应用。

三、特点

RFID 技术是自动识别技术中的一种。RFID 以电子标签来标识某个物体,电子标签包含芯片和天线,芯片用来存储物体的数据,天线用来收发无线电波,如图3-3所示。电子标签的天线通过无线电波,将物体的数据发射到附近的 RFID 读写器,RFID 读写器就会对接收到的数据进行收集和处理。RFID 与传统的条码识别相比,具有更大的优势。

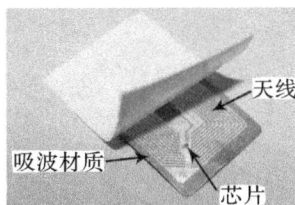

图 3-3　电子标签组成图

1.RFID 电子标签抗污损能力强

传统的条码载体是纸张,它附在物体和外包装箱上,特别容易受到折损。条码采用的是光识别技术,如果条码的载体受到污染或者折损,将会影响信息的正确识别。而 RFID 采用电子芯片存储信息,可以免受外部环境污损。

2.RFID 电子标签安全性高

条码制作容易,操作简单,但同时也产生了仿造容易、信息保密性差等缺点。RFID 采用电子标签存储信息,数据可以通过编码实现密码保护,内容不易被伪造和更改。

3.RFID 电子标签容量大

条码的标识容量有限。而 RFID 电子标签的标识容量可以做到比条码大很多,实现真正的"一物一码",可以满足信息流量不断增大和信息处理速度不断提高的需求。

4.RFID 可实现远距离同时识别多个电子标签

条码识别一次只能有一个条码接受扫描,而且要求条码与读写器的距离比较近。射频识别采用无线电波进行数据交换,RFID 读写器能够远距离同时识别多个 RFID 标签,并可以识别高速运动的标签。

5.RFID 是物联网的基石

条码印刷上去就无法更改了。而 RFID 采用电子芯片存储信息,可以随时记录物品在任何时候的任何信息,并可以很方便地新增、更改和删除信息。RFID 通过计算机网络可以实现对物品透明化、实时的管理,实现真正意义的"物联网"。

第二节 RFID 技术的研究现状

一、RFID 技术的发展简史

在过去的半个多世纪中,RFID 技术一直在不断地发展。

1941~1950 年,雷达的改进和应用催生了 RFID 技术,1948 年奠定了 RFID 技术的理论基础。

1951~1960 年,早期 RFID 技术的探索阶段,主要处于实验室研究中。

1961~1970 年,RFID 技术的理论得到了发展,开始了一些应用尝试。

1971~1980 年,RFID 技术与产品研发处于一个大发展时期,各种 RFID 技术测试得到加速,出现了一些最早的 RFID 技术应用。

1981~1990 年,RFID 技术及产品进入商业应用阶段,多种应用开始出现,但成本成为制约进一步发展的主要问题。国内开始关注这项技术。

1991~2000 年,大规模生产使得其成本可以被市场接受,技术标准化问题和技术支撑体系的建立得到了重视,大量厂商进入,RFID 产品逐渐走入人们的生活,国内研究机构开始跟踪和研究该技术。

2001 年至今,RFID 技术得到了进一步丰富和完善,产品种类更加丰富,无源电子标签、半有源电子标签均得到了发展,电子标签成本也不断降低,RFID 技术的应用领域不断扩大,RFID 与其他技术正在日益结合。

纵观 RFID 技术的发展历程,我们不难发现,随着市场需求的不断发展,人们对 RFID 技术的认识水平正在日益提升,RFID 技术已经逐渐走入生产和生活的各个领域;RFID 技术及产品的不断开发,必将带来其应用发展的新高潮,并引发相关应用领域新的变革。

二、国内外发展现状

从全球范围来看,美国已经在 RFID 标准的建立、相关软硬件数据的开发与应用领域走在了世界的前列。欧洲 RFID 标准追随美国主导的 EPC global 标准。在封装系统应用方面,欧洲与美国基本处在同一阶段。日本虽然已经提出了 UID 标准,但主要得到的是其本国厂商的支持,如要成为国际标准,还有很长的路要走。在韩国,RFID 技术的重要性得到了加强,政府给予了高度重视，但韩国在 RFID 标准上至今仍模糊不清。

美国的 TI、RFID 等集成电路厂商目前都在 RFID 领域投入巨资进行芯片开发。Symbol 等公司已经研发出同时可以阅读条形码和 RFID 的扫描器。IBM、Microsoft 和 HP 等公司也在积极开发相应的软件及系统，来支持 RFID 技术的应用。目前，美国的交通、车辆管理、身份识别、生产线自动化控制、仓储管理及物资跟踪等领域已经在逐步应用 RFID 技术。在物流方面，美国已有 100 多家企业承诺支持 RFID 技术应用。另外，值得注意的是，美国政府是 RFID 技术应用的积极推动者。

欧洲的 Philips、STMicroelectronics 公司在积极开发廉价的 RFID 芯片；Checkpoint 公司在开发支持多系统的 RFID 识别系统；诺基亚公司在开发能够基于 RFID 技术的移动电话购物系统；SAP 公司则在积极开发支持 RFID 的企业应用管理软件。在应用方面，欧洲对诸如交通管理、身份识别、生产线自动化控制、物资跟踪等封闭系统的应用研究与美国基本处于同一阶段。目前，欧洲有许多大型企业都纷纷进行 RFID 技术的应用实验。

日本是一个制造业强国，在 RFID 研究领域起步较早，政府也将 RFID 作为一项关键的技术来发展。2004 年 7 月，日本经济产业省 METI 选择了七大产业做 RFID 技术的应用实验，包括消费电子、书籍、服装、音乐 CD、建筑机械、制药和物流。从近来日本 RFID 领域的动态来看，与行业应用相结合的基于 RFID 技术的产品和解决方案已经开始集中出现，这为 RFID 技术在日本的应用推广，特别是在物流等非制造领域的应用推广，奠定了坚实的基础。

韩国主要通过国家的发展计划和联合企业的力量，来推动 RFID 技术的发展，即主要是由产业资源部和情报通信部来推动 RFID 技术的发展计划。特别值得注意的是，自 2004 年 3 月韩国提出 IT839 计划以来，RFID 技术的重要性得到了进一步确认。虽然目前韩国在 RFID 技术的开发和应用领域乏善可陈，但值得关注的是，在韩国政府的高度重视下，韩国关于 RFID 的技术开发和应用实验正在加速开展。

中国人口众多，经济规模不断扩大，已经成为全球制造中心，RFID 技术有着广阔的应用市场。近年来，中国已初步开展了 RFID 相关技术的研发和产业化工作，并在部分领域开始应用。中国已经将 RFID 技术应用于铁路车号识别、身份证和票证管理、动物标识、特种设备与危险品管理、公共交通以及生产过程管理等多个领域，但规模化的实际应用项目还很少。目前，我国 RFID 应用以低频和高频标签产品为主，如城市交通一卡通和中国第二代身份证等项目。我国超高频产品的应用刚刚兴起，还未开始规模化生产,产业链尚未形成。我国第二代身份证从 2005 年开始,已经进入全面换发阶段,现已基本完成全国 16 岁以上人口的换发工作,全国换发总量将达到 10 亿。继 2006 年 6 月科技部联合 14 家部委发布了《中国射频识别(RFID)技术政策白皮书》之后,同年 10 月,科技部"863"计划先进制造技术领域办公室正式发布《国家高技术研究发展计划先进制造技术领域"射频识别技术与应用"重大项目 2006 年度课题申请指南》,投入了 1.28 亿元扶持 RFID 技术的研究和应用,对我国 RFID 产业的发展起到了重要的推动作用。

2004 年 12 月 16 日,非营利性标准化组织——EPC global 批准了对 EPC global 成员和签订了 EPC global IP 协议的单位免收专利费的空中接口新标准——EPC Gen2。这一标准是 RFID 技术、互联网和产品电子代码(EPC)组成的 EPC global 网络的基础。

EPC Gen2 的获批对于 RFID 技术的应用和推广具有非常重要的意义,它为在供应链应用中使用的 UHF RFID 提供了全球统一的标准,给物流行业带来了革命性的变革,推动了供应链管理和物流管理向智能化方向发展。

自 2004 年起,全球范围内掀起了一场 RFID 的热潮,包括沃尔玛、保洁、波音公司在内的商业巨头,无不积极推动 RFID 在技术制造、零售、交通等行业的应用。RFID 技术及应用正处于迅速上升的时期,被业界公认为是 21 世纪最有潜力的技术之一,它的发展和应用推广,将是自动识别行业的一场技术革命。当前,RFID 技术的应用和发展还面临一些关键问题与挑战,主要包括标签成本、标准制定、公共服务体系、产业链形成以及技术和安全等。

(案例来源:《RFID 物联网世界最新应用》)

第三节　RFID 的应用案例

一、RFID 在服装零售业 Galeria Kaufhof 的应用创新

德国设立了 126 家百货商店,其中 113 家命名为"Galeria Kaufhof",另外在比利时设立了 15 家。Galeria Kaufhof 公司是全球第五大零售商 Metro Group 的子公司。作为欧洲领先的连锁公司,Galeria Kaufhoof 公司每天的客

流量超过200万人次,销售面积达到150万平方米。它主要销售中高档的国际品牌。该公司的员工约25000人,2007年创造了36亿欧元的销售额。

Galeria Kaufhof首次使用RFID技术要追溯到2003年,是与时尚产品制造商Gerry Weber进行项目合作。项目主要是,在实际条件下,测试RFID技术对供应链流程的加速效果和简化效果,其中包括:评估读取速度、由自动识别而节省的时间,审查RFID技术是否能够取代传统电子物品防盗系统(EAS)。在服装零售业中,EAS引起了人们极大的兴趣。

该项目小组还构思利用RFID实现创新的客户应用,以及改变库存流程模式。然而,这种想法还没有被验证。由于供应链中各节点进程的自动化,定量的商业案例分析就集中在了时间和成本的节约上。由项目团队得出的许多定性结果显示,RFID商业潜力的综合评估是相当乐观的。

Galeria Kaufhof积极加入"全球环境设计的RFID解决方案"(BRIDGE)协会。2006年7月由欧盟资助1300万欧元、为期3年的RFID研究项目——BRIDGE项目通过研究、制定和寻找能够在欧洲进行EPC global应用部署的工具,实现欧洲EPC global网络。该项目包含若干工作进程,其中来自12个国家(欧洲和亚洲)的30多位跨学科的合作伙伴致力于硬件开发、系统查询服务、安全、防伪、供应链管理、制造工艺流程、可重复利用的资产管理、非食品项目的单一物品级标签以及政策建议的开发和探索。Galeria Kaufhof主要关注BRIDGE项目将促进公司流程的RFID实现,加快促进纺织部门采纳RFID,与产业组织和标准化机构分享经验。作为项目的一部分,2007年9月,Galeria Kaufhof在德国Essen连锁店内三楼男装部(约2000平方米)安装了RFID电子标签与基础设施,如图3-4 RFID标签在服装部的应用。

图3-4　RFID标签在服装部的应用(图片来源:RFID世界网)

RFID的基础设施,从技术的角度来看,此次试验是首次全球化使用"近场特高频"应答器,它把高读取速率的高频带标签与低成本的标准化特高频标签相结合。在销售现场,约30000件服装配备了RFID,连续不断地提供给顾客。为了识别这些服装,并把它们的实时信息链接到商品信息系统,大约有 500 个服装夹具装置了 RFID 标签。

从配送中心到销售点,配备了 RFID 标签的所有服装都会进行无缝跟踪。欲出售的产品通过仓库与销售柜台之间过渡区送到男装部。男装部安装了 55 个阅读器和超过 200 副天线。阅读器被安装在多个不同的位置,如配送中心的物流出口(2 个)、百货公司的货物收据(2 个)、标记点(配送中心 3 个,百货商店 3 个)、仓库与销售柜台之间的通道(2 个)、自动扶梯(3 个)、电梯(2 个)、"智能货架"(10 个)、20 间试衣间(20 个)、储藏室(1 个)、销售点(7 个)。一些 RFID 阅读器上装备了光电障碍和运动探测器来确定商品的流向,例如从仓库运输到其他部门。RFID 阅读器记录了成千上万件装置 RFID 的商品的活动情况。

二、RFID 在财产管理 NEC 公司的应用创新

1. 财产管理的高效化

日电集团(以下简称 NEC 公司)电脑技术株式会社自 20 世纪 90 年代后期开始以提高生产品质和生产力目标进行了生产技术革新,此后的 10 年间业务效率大幅度提升,其效果十分显著。该公司对 RFID 技术的运用相对较早,其中把超高频 RFID 用在财产管理领域,并由此积极推行和扩大生产革新的活动。NEC 公司应用 RFID 的情况见表 3-1。

表 3-1　NEC 公司利用 RFID 的情况

公司名	NEC 公司
应用	材料调配
场所	总部(甲府生产所——山梨县甲府市)
目的	在多品种变量生产中,伴随材料牌数量的增加,进行各类进货材料到货管理业务
电子标签设置对象	材料牌
实施效果	通过实施统一读取识别系统及混装品统一读取识别系统,实现到货材料验收作业的高效性和精确性
今后需完善之处	伴随 RFID 功能、性能的进一步提高,期待更迅速、更精确的验收、管理系统"整体透明化"的实现

NEC 公司研发的超级计算机 SX 系列主要用于汽车碰撞分析、气象、气候模拟等研究开发,在全世界的订单总数突破了 1000 台,连续十多年保

持着电脑共享服务器世界第一的排名。NEC公司生产了各种顺应顾客需求的特殊产品,例如,在银行窗口业务中常用的存折打印机以及便利店中常用的ATM机。正是像这样不断推动产品的多样化生产,十年前就开展了与产品创新相关的课题研究,NEC出色地解决了产品品质及产能提升等一系列问题。尤其是迅速将RFID标牌实施到零件供应体系上,乘着在日本全国开展的共同物流的浪潮实现了最大限度地进行资产调配的自动化和效率化。此外,凭借此系统,NEC公司还取得了"资产回转率提升","业界最短交货周期内交货"等众多成绩。

2.减少入口处货物的滞留

随着生产革新的持续推动,资材货物管理变得更为细致。入库资材不断增加而要求不断缩小放置场地和资材的在库数量。但是,一方面因为材料入库登记种类的增加货物验收数量也在加大,所以在入库业务上发生堵塞和停滞在所难免。特别是实行多品种少数量的变量生产以来,货物的种类和包装花样繁多,而收货员只能通过目视确认供应商预先送来的货物数量和实际货物是否一致。这面临着一个"资材领域高效化"的课题,也因此催生出了一项革新活动。

因此,课题是在提高工作效率时如何使资材的收货检验更简单、迅速、准确。围绕此课题的RFID技术应用研讨相继展开。NEC公司将最新的RFID技术与现场实际负责人的想法,技术人员的智慧相融合,相继实施"统一读取门系统"和"混载品统一读取系统"这两种系统。物流从业者从搬入口运送货物这一操作过程与之前无异,但针对搭载于托盘货物的搬入,则在搬入口设置RFID感应门。针对混载品,则是设置了单独开发的接受RFID清点的货物旋转台,对部件资材上贴的电子标签进行完全读取。这样,一个高度效率化的检验操作环境得以构成。此外,公司在标签的粘贴方法和在软件读取提高准确度等方面做了很大努力,使这项革新更为有效,如图3-5基于RFID技术的进货工序流程图。

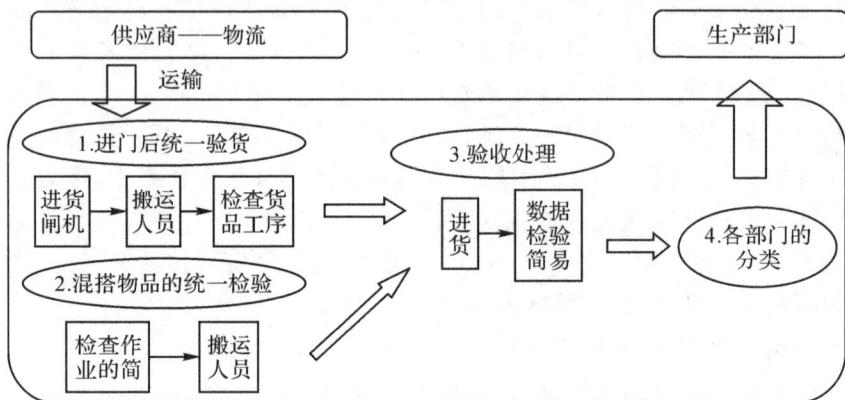

图 3-5　基于 RFID 技术的进货工序流程图

3. 生产革新的步伐仍在持续

此外,谈到资材领域的 RFID 技术应用,由于资材的类别、性质各异,接收读取距离和读取精确度均不尽相同。选择何种电子标签要考虑到实际使用的耐久性而进行严格的挑选,也要通过反复试验努力提高 RFID 读取通道的准确率。NEC 公司内设"RFD 技术革新中心"来进行实际检验。并通过此基地对 RFID 技术实施效果等进行初步评定,当有了大致思路或方向后紧接着进入现场环境应用评定。通过这样分阶段试验,以期构筑一个最合适的读取环境。

NEC 公司期待通过不懈的实践和摸索,不断提升 RFID 的功能和性能,使整个检品系统在读取速度和准确度上实现质的飞跃。在此基础上,扩展 RFID 的应用领域,预期可以实现管理系统的透明化。

4. 个人电脑事业生命周期管理的强化

NEC 公司米泽工厂自 2004 年 10 月首次实施 RFID 技术的生产管理系统后,实现了产品品质提升和强化跟踪管理等一系列生产创新,见表 3-2。当时的统计数据表明,使用 RFID 技术之后,每日减少约 10 万次的条码读取操作,生产力提高约 20%,工厂内部库存压缩至原来的 1/3。此外,部材调配业务中也实施 RFID 标签制度,以期强化品质跟踪管理及检品系统,并最终可望在此基础上将 RFID 技术运用于强化质量管理、风险管理及客服品质提升管理方面,进而实现产品的生命周期管理。

表 3-2　米泽工厂应用 RFID 的情况

公司名	NEC 公司
应用	材料调配,生产管理,跟踪功能
场所	米泽生产所(山形县米泽市)
目的	实现式样的多样化,强化品质管理,缩短交货期
项目期间 (计划开始与运行期间)	实施 RFID 技术的生产管理系统
电子标签设置对象	材料牌,生产指令
实施效果	生产力提高 20%以上,工厂内零部件库存压缩至原有的 1/3,生产周期缩短
今后需完善之处	全球化推广,客户 PC 的授受管理,进一步强化产品生命周期管理

5.从生产指令到批量读取

NEC 公司旗下的 NEC 个人电脑事业占日本国内个人电脑市场的最大份额。一直以来,生产线上的每一项工序记录,加之出货数据、收货数据等,每一个货箱上都贴有多处记录各类数据的条码,这些条码均通过人工进行读取。对于工厂半年生产种类达 2 万种的电脑生产线与出货线,每天生产总量约一万台,需要人工进行的读取操作约 10 万次。这些操作必不可少,但是如此巨大的电脑生产中的成本却无法从电脑销售中得到弥补。因此这种操作应该是业务精简化过程中首要解决的问题。目前面临的困难则更加巨大,伴随着生产式样越发多样,品质管理越发严格,交货期要求越发短缩等现实因素,需要读取的数据量有越来越大的倾向。

基于以上因素,NEC 公司于 2004 年在业界率先实施 RFID 技术。统一将电脑式样和生产编号、交货数据、生产指令、出货指令等数据写入 RFID 卡片,这项措施实施以来,惯行的人工扫描操作均被自动化读取所替代。此后 NEC 贯彻"每年一个改革主题"的精神加速了生产创新,通过"实施 RFID 电子标签","连接 ERP 系统"等一系列手段,进一步扩大 RFID 技术的应用范围。各项工序的生产历史、检查结果和生产进度情况等数据都得到自动保存,与此同时,工序的透明化管理也得以实现。此外,通过实施超高频 RFID 批量产品检验系统,在出货与配送环节操作也扩大了 RFID 的应用范围。这样做不仅大幅度削减了货品数据的读取操作,工厂内部库存也实现减半。同时,生产准备周期最短也得到了业界的公认。

6.强化跟踪管理

将 RFID 技术应用于生产和物流相关企业内部的供应链管理和跟踪管理变得比较常见。近来,为了应对企业间协作日益加强的必然趋势,NEC 个人产品中的生产革新伴随企业间合作,快速地蔓延到国外的工厂中去。已在本公司投入应用且收效显著的 RFID 生产管理系统在国外的关联工厂中也得到推广,使得本公司能够对关联工厂运送至日本的货物不需开包就能够准确和实时地掌握和管理零部件的生产过程等数据,改变了过去不开包就不能检验的历史。

NEC 公司一贯为商业电脑提供客户定制服务,但是公司于 2008 年增加了一条新的规定,即工厂出货时将型号/系列号/工厂出产日期等数据预先写入电子标签并逐个粘贴在每台电脑上。用户企业的资产管理号码也能够追加写入含有这些数据的电子标签中。这样只需在客户企业方添置电子标签的读取系统,就能利用这些数据高效地进行电脑的携带外出管理以及资产管理。

NEC 公司还进行从用户处收购使用过的电脑,进行翻新并再次销售的电脑翻新销售业务。在回收旧电脑的时候,把附有电子标签的授受管理传票添附于旧电脑上。实施了从收购到抹去电脑中原来数据的过程管理,从而强化了防止旧计算机内的数据泄露而进行的跟踪管理。

7.进一步强化生命周期管理

NEC 公司到目前为止进行了各种各样的生产改革。不仅限于电脑生产的效率化、品质和风险管理的强化,而且在提升客服质量中也采用 RFID 技术。这些得益于公司对电脑生命周期的把握及前瞻性的企划能力。

另一方面,RFID 技术高昂的实施费用及运用普及方面的一些实际问题的确不能忽视。在很多情况下,实施新技术后需要工人熟悉新的操作方法和程序。但是,实施的效果的确是喜人的。对于每天需进行一万台左右电脑的组装、出货的工人来说,在数据读取上节约的时间绝不是一星半点。此外,自动读取和通过的数据识别方式既简单又省力,这成为 RFID 实施领域不断扩大的一个有利的推动因素。

NEC 公司计划在进一步强化生命周期管理的同时推进 RFID 技术的应用,并在集团下属各分公司中分享集团内应用 RFID 的经验和要点,争取在提供实施 RFID 的技术知识咨询方面也做出应有贡献。

【问题与思考】

1.简述 RFID 的基本原理。

2.简述 RFID 系统由哪几部分组成？

3.简述 RFID 的优势有哪些？

4.简述 RFID 在服装零售业 Galeria Kaufhoof 是如何实现应用创新的？

5.简述 RFID 帮助 NEC 公司解决了哪些问题,是如何解决的？

第四章　无人技术及其创新应用

【学习目标】

1.掌握无人技术的意义。

2.了解无人技术的研究现状。

3.了解无人技术的应用案例。

4.基本具备无人技术的创新思维。

【案例导入】

　　早在 2012 年,亚马逊就有意打造一个高效、智能的无人化仓库,所以花了近 8 亿美元的巨资收购了仓库机器人公司 KIVA,该公司的首席执行官本州斯说,到 2012 年年底,运行于亚马逊物流系统的机器人数量就达到了 1 万个,到 2015 年年底,部署在亚马逊各个物流节点的机器人数量已有 1.5 万多个。亚马逊的高层管理者说,用机器人代替人力,主要是为了提高效率,减少员工的工作量。

　　的确,亚马逊橘色机器人的工作效率非常高,其运转速度比人力快很多,而且不知疲倦。KIVA 可以让货架"走到"取货者面前,这在大大节省劳力的同时,也让整个物流过程实现了自动化,图 4-1 即 KIVA 机器人正在出库。

图4-1　KIVA 机器人正在出库(搜狐)

　　亚马逊之所以能够迅速出货,一方面得益于大数据的支持;另一方面,智能机器人的使用也大大减少了员工的劳动量,并提高了仓库的运作效率。

　　人工智能的运用不但使亚马逊的无人仓库提高了物流效率,而且让亚马逊员工的满意度上升。为降低成本,亚马逊的半自动化系统减少了公共设施的开支,之前就有员工抱怨设施太差,现在设施较差的地方就让机器人去做。机器人的工作区域甚至不用开灯,更不需要调控室温。

目前,无人仓库的建立主要依赖于自动化机器人的发展。随着研发机器人的大潮正在全世界范围内兴起,新型机器人不断涌现。比如,德国的KUKA公司就研制了一种机器人,这款机器人是专门为冷冻食品的物流而研制的,它可以在－30℃的环境下工作;另外,在医药物流方面,德国的ROWA公司研发的"自动化机械手药房"就是典型代表,这种自动化药房,由机械手进行药盒搬运并进行药品的进库与出库作业,实现了药品的密集存储和数量管理。

机器人不光能干"力气活",还能干"智力活",一家名为凯威讯通的公司开发出了一款智能机器人。该公司仿照电脑内存随机存取的原理,开发出一种能快速处理网上订单的机器人应用系统,存放物品的仓库被安排成像内存芯片一样,由独立式货架组成纵横交错的网格,帮助机器人在任意时间接触到仓库中的任何物品。另外,该机器人可以自行处理客户订单,当接到客户的订单后,机器人在30秒时间内就可以将订单上的货物交给包装线上的工人。如果一个订单上有多个品类的物品,机器人还能将其进行必要的分类整理。一旦货物打包完成,机器人就能将这些包装好的物品存放到指定地点。这里的智能机器人,就是为实现无人仓库而设计的。

（案例来源:《智能物流链接"互联网＋"时代亿万商业梦想》）

第一节　无人技术

无人技术是为实现工作过程中减少人为操作或无人参与,所运用技术的总称。无人技术并不是指真正没有人的参与,而是只有极少数人参与,采用多种技术手段与方法,如大数据、人工智能、感知技术等,达到一种近乎无人在现场操作的工作情景。目前,无人技术已经在军事、物流、运输、工业生产、零售业等领域得到了研究与应用,具体实例有无人飞机、无人驾驶汽车、无人仓库、无人超市等等。

一、大数据

大数据是基于云计算的数据处理与应用模式,具有数据体量大、数据类型多样、数据价值密度低、数据处理速度快、数据采集手段智能化、数据分析精准化等特点。大数据时代分析的是全体数据,接受数据的混杂性和完整性,更加关注相关关系。大数据技术包括大数据捕捉技术、大数据存储技术、大数据计算处理技术、大数据预测分析技术、大数据可视化技术五大技术。通过分析大数据技术在物流商物管控、物流供应链管理、物流业务管理方面的应用,可以帮助物流企业发现更多有价值的信息,预测物流过程中可能发生的行为,使物流业朝着数字化、一体化、智能化、网络化的方向发展。

1.定义

大数据是一个较为抽象的概念,正如信息学领域大多数新兴概念,不同的行业对于大数据的定义不尽相同。

麦肯锡(美国首屈一指的咨询公司)是研究大数据的先驱。在其报告Big data:The next frontier innovation,competition and productivity 中给出的大数据定义是:大数据指的是大小超出常规的数据库工具获取、存储、管理和分析能力的数据集。但它同时强调,并不是说一定要超过特定 TB 值的数据集才能算是大数据。

国际数据公司(IDC)从大数据的四个特征来定义,即数据体量巨大(volume)、数据生成和处理的速度快(velocity)、数据类型繁多(variety)、数据价值密度低(value)。

亚马逊(全球最大的电子商务公司)的大数据科学家 John Rauser 给出了一个简单的定义:大数据是任何超过了一台计算机处理能力的数据量。

维基百科中只有短短的一句话:"巨量资料(big data),或称大数据,指的是所涉及的数据量规模巨大到无法通过目前主流软件工具,在合理时间内达到撷取、管理、处理并整理成为帮助企业经营决策更积极目的的资讯。"

本书对于大数据的定义为:大数据是在多样的或者大量数据中,迅速获取有价值信息的能力。大数据是指无法用现有的软件工具提取、存储、搜索、共享、分析和处理的海量的、复杂的数据集合。它不仅包含了海量数据和大规模数据,而且还包括更为复杂的数据类型。在数据处理方面,数据处理的响应速度由传统的周天小时降为分秒的时间处理周期,需要借助云计算、物联网等技术降低处理成本,提高处理数据的效率。

大数据技术是基于云计算的数据处理与应用模式,是可以通过数据的整合共享,交叉复用形成的智力资源和知识服务能力,是可以应用合理的数学算法或工具从中找出有价值的信息,为人们带来利益的一门新技术。大数据核心问题的解决需要大数据技术。大数据领域已经涌现出大量新的技术,它们成为大数据采集、存储、处理和呈现的有力武器。今后大数据技术将在多个领域得到应用,大数据技术在我国物流领域的应用,有利于整合物流企业,实现物流大数据的高效管理,从而降低物流成本,提升物流整体服务水平,满足客户个性化需求。

2.基本思想

大数据是继云计算之后抢占市场制高点的又一领地,它既是社会经济高度发展的结果,也是信息技术发展的必然。大数据开启了一次重大的时代转型,正在改变生活及理解世界的方式,它是一场生活、工作与思维的大变革。大数据的出现,使得通过数据分析可以预测事物发展的未来趋势,探索得知事物发展的规律。大数据将逐渐成为现代社会基础设施不可或缺的一部分,在社会、经济等各个领域发挥愈来愈重要的作用。大数据时代,数据成为越来越有用的资源,大数据技术的基本思想主要体现在:由分析随机样本转变为分析全体数据、由追求数据精确性转变为接受数据混杂性和由注重因果关系转变为注重相关关系。

二、人工智能

1.定义

人工智能(Artificial Intelligence),英文缩写为 AI。它是研究、开发用于模拟、延伸和扩展人的智能的理论、方法、技术及应用系统的一门新的技术科学。

人工智能是计算机科学的一个分支,它企图了解智能的实质,并生产出一种新的能以人类智能相似的方式做出反应的智能机器,该领域的研究包括机器人、语言识别、图像识别、自然语言处理和专家系统等。人工智能从诞生以来,理论和技术日益成熟,应用领域也不断扩大,可以设想,未来人工智能带来的科技产品,将会是人类智慧的"容器"。人工智能可以对人的意识、思维的信息过程进行模拟。人工智能不是人的智能,但能像人那样思考,也可能超过人的智能。

2.历程

人工智能诞生于图灵那个年代,甚至也就是图灵这个人提出了今天引起了极大关注的那些方向,比如图灵测试、机器学习、遗传算法和强化学习等。但此后人工智能的发展则是三起两落,既有万众瞩目,人们信心爆棚,资金大量注入的时候,也有被打入冷宫、无人问津的时候。这与计算机乃至互联网的发展完全不一样,这两个东西在摩尔定律的助推下,很像是安了天使翅膀的人类,几乎是一路向前狂奔,到现在也还没怎么减速。这里面也许最根本的差别就是人工智能本身并没有一种理论基础,所以怀疑它不行或者相信它肯定能行都很像一种信念。信念在受到事实威胁时实在不足以支撑这样一个极其费钱的大科目,这就导致了人工智能的发展起起落落,一波三折。

人工智能的起点要追溯到大概 60 年前。1956 年,当时这个领域非常有影响力的约翰·麦肯锡说服了明斯基、香农等人,在新罕布什尔州汉诺威市的达特茅斯大学开展一次由 10 个人组成的为期两个月的人工智能研究。但是,事情的进展与他们想的完全不一样,直到 2016 年夏天,也就是60 年后,当时的研究仍然没有搞定。可是,这次会议的特别价值在于它形成了一种共识,让人工智能成为一个独立的学科,因此这个会议通常被看成是人工智能这一学科真正诞生的标志。

人工智能是在人们信心大爆棚时诞生的,尽管科学家非常乐观,也声称自己的程序能够证明《数学原理》第 2 章中的大部分定理,但大多数人并不能从这一乐观态度中看到什么明显的进步。当时美国政府对此非常热心,在这个领域投了很多钱,与之相反英国政府却采取了一种完全不同的做法,他们请了一位著名的数学家詹姆斯·莱特希尔(James Lighthill)教授,对人工智能做一个彻底的评估。这位教授在看了所有重要的相关论文后,写出了一份报告,后来世人称之为《莱特希尔报告》。这份报告说人工智能绝不可能有什么用途,因为它只能被用来解决简单的问题。英国政府以后没有在人工智能上进行大量的投资,此后人工智能逐渐变得少有人问津。直到 2010 年,时任斯坦福大学教授的吴恩达加入谷歌开发团队XLab——这个团队已先后为谷歌开发无人驾驶汽车和谷歌眼镜两个知名项目,人工智能这一被人遗忘的学科,又重回到了科学的前沿。

三、感知技术

1. 内涵

感知技术是物联网系统构建的基础,与基础网络设施结合能够为未来人类社会提供无所不在、全面的感知服务。它是联系物理世界与信息世界的重要纽带,连接的对象包括智能装置及通过传感器感知的整个物理世界,包括感知终端技术、感知网络技术、感知信息服务技术、感知检测技术和网络安全技术等。

2.特点

感知技术为信息时代下的新技术产物,在其漫长的演化与发展过程中不断对自身进行完善,在现有网络概念的基础上,将其用户端延伸和扩展到任何物品与物品之间,进行信息交换和通信,从而更好地进行"物与物"之间信息的直接交互。其特点为有以下几点。

(1)连通性

连通性是感知技术的本质特征之一。国际电信联盟认为,感知技术的"连通性"有3个维度:一是任意时间的连通性(Anytime Connection),二是任意地点的连通性(Anyplace Connection),三是任意物体的连通性(Anthing Connection)。

(2)技术性

感知技术是技术变革的产物,代表未来计算与通信技术的发展趋势,而其发展又依赖众多技术的支持,如射频识别技术、传感技术、纳米技术和智能嵌入技术。

(3)智能性

感知技术使得人们所处的物质世界得以实现极高程度的数字化、网络化,使得世界中的物体不仅以传感方式,也以智能化方式关联起来,网络服务也得以智能化。感知技术具有智能化感知性,它可以感知人们所处的环境,最大限度地支持人们更好地洞察、利用各种环境资源,以便做出正确的判断。

(4)嵌入性

感知技术的嵌入性表现在如下两个方面:一是各种各样的物体本身被嵌入在人们所生活的环境中;二是感知技术提供的网络服务将被无缝地嵌入到人们日常的工作与生活中。

3.工作原理

感知技术是物联网的基础,借助大量物联网信息感知与采集终端,对物联网络中的结点进行识别,通过与现有的物联网通信网络设施结合,能够提供无所不在的、全面的感知服务。感知技术包括感知终端技术、感知网络技术、感知信息服务技术、感知检测技术和网络安全技术五个方面,关键支撑技术有 RFID 技术、传感器技术、二维码技术、EPC 编码技术和智能嵌入技术等。

第二节　无人技术的应用案例①

一、无人机

1. 无人机的出现

由于无人机技术的不断突破,其飞行性能及运载能力有了大幅度提升,无人机在民用领域尤其是物流行业开始发挥巨大的作用。对国内市场而言,由于低空领域受限,住房分布相对密集等特征,无人机在国内市场的发展受到了一定程度上的限制。

现阶段的无人机主要是旋翼式无人机,这种类型的无人机最初是为了满足战场侦察任务。与一般的军用飞机相比,这种类型的无人机续航能力更强、造价更低、隐蔽性更好。军用无人机不用军人亲自驾驶,能有效减少人员伤亡,在现代战争中已经成为重要的空中力量。军用无人机已被广泛应用于情报侦查、通信中继、追踪定位、军事打击等领域。

2. 无人机物流时代的到来

无人机在影视拍摄、空气质量检测及高速维护等领域有着广泛的应用,近年来,由于无人机高效、灵活、不受地形限制等特点,其在物流行业也开始被广泛应用。许多国际物流巨头对无人机在未来物流行业发展中的作用给予了高度评价,物流行业的专家表示,通过无人机运输货物能有效降低送货时间,而且对物流体验较差的电子商务行业将会产生巨大变革。

澳大利亚是全球首个使用无人机运送快递的国家,2013 年,澳大利亚的 Flirtey 公司联合校园课本租赁公司 Zookai,使用无人机向澳大利亚的某一偏远地区运送了课本。而位于美国的为吉尼亚洲维斯县(Wise County)位置偏远、交通十分不便,当地医疗资源十分匮乏,而现在这一情况将有望得到有效改善,Flirtey 公司与美国国家航天局(NASA)将联手合作,为当地提供无人机药品运输服务,而且该服务已经获得 FAA 批准。

Flirtey 公司的无人机飞行高度约为 122 米,标准载重为 2 公斤,它通过激光测距、声呐等手段避开飞行过程中遇到的建筑物及鸟类。在悉尼市

---

① 赵光辉、乘谷生:《互联网＋交通:智能交通新革年时代来临》,人民邮电出版社,2016 年版。

区内,使用 Flirtey 公司的无人机送货一般只需要 2—3 分钟即可送达,而且收货人还能通过谷歌地图对包裹位置进行实时追踪定位。

由 Flirtey 公司公布的数据显示,在澳大利亚市区内使用无人机送货费用约为 2.99 美元,折合人民币 18 元,而使用传统的快递方式运输包裹费用为 29.95 美元,折合人民币 183 元,运输费用远超无人机的送货费用。

德国的物流巨头邮政敦豪集团(DHL)目前正在尝试使用无人机运送货物。DHL 高层管理者在 2014 年 1 月举办的达沃斯世界经济论坛中表示:"使用无人机送货的最大难题是政府部门的监管,德国政府相对保守,让政府认可这种快递模式是一项巨大的挑战,但我们已经在其他地区开始正式通过无人机运输货物了。"

继亚马逊公开进行无人机投递快件测试后,DHL 于 2013 年 12 月也进行了无人机送货测试。2014 年 2 月,DHL 在阿联酋沙漠地区进行无人机投递快件测试,此次测试的主要目的是为了检测遥控飞行系统是否能够在 40℃ 的高温天气及沙尘暴环境中稳定运行。

2013 年 12 月,美国达美乐比萨公司(Domino's Pizza)测试使用无人机进行运送面包、奶酪服务。达美乐比萨公司所使用的无人机运输方案,由该公司与无人机企业 AeroSight 共同研发。而许多消费者十分期待能享受到达美乐公司提供的无人机运输比萨服务。

国内的快递巨头顺丰也开始布局无人机物流市场。投递快件使用的无人机,由顺丰内部技术人员自主开发,飞行高度为 100 米,采用八旋翼结构。无人机中配有自动导航系统,能按照预先设定的飞行路线将包裹送至目的地,在一般情况下,其误差在 2 米之内。

目前,顺丰尚未公布其送货无人机的载重信息,业内人士将市场上销售的无人机产品及顺丰正式公布的信息对比后,给出了相关数据:预计顺丰自主研制的无人机飞行半径约为 10 公里,能在四级风力以下平稳升降,载重量可达 3 公斤。

2013 年 9 月,顺丰在广州东莞进行了无人机投放快件测试(见图 4-2),出于安全角度考虑,顺丰无人机在送货过程中不直接接触用户,服务范围仅限于配送网点之间。而且,顺丰的无人机项目主要针对偏远配送网点之间的包裹运输,能够有效解决配送成本高、时效性差等方面的问题。

图 4-2　顺丰无人机测试(图片来源:快资讯网)

3.亚马逊 Prime Air 无人机计划

2015 年 11 月,亚马逊向外界展示了一款无人机模型,这是亚马逊在提出无人机计划以来公开展示的第一款新无人机样机,该款样机将应用于 30 分钟无人机送货服务,无人机的飞行高度能够达到 121.92 米,重量可达约 24.9 公斤。

英国著名的汽车节目主持人杰里米·克拉克森(Jeremy Clark)是亚马逊无人机送货的代言人,并由其专门演绎了一段宣传片。

(1)30 分钟内就能送到家

在宣传片中,杰里米·克拉克森描述了一个不久的将来可能会出现的场景:3 岁的斗牛犬斯图尔德(Steward)把小女孩子的鞋子咬坏了,而小女孩下午要去参加足球运动,女主人找到平板电脑,在亚马逊上为小女孩重新买了一双运动鞋,亚马逊通过无人机在 30 分钟内将鞋子送到了家中。

在无人机以及快递的包装盒上都印着"Prime Air"的字样,在宣传片中,包裹是被放在了无人机的机身中,而不是像以前设计的那样挂在无人机下面。

亚马逊的无人机计划就是保证在最短的时间内安全地将包裹通过无人机交付到消费者手中。

这段宣传片是亚马逊在提出"Prime Air"计划以来首次公布的视频,并希望借助杰里米·克拉克森的影响力获得英国、美国以及其他地方民众的支持,从而为无人机扫除监管上的障碍。

(2)可以"感知并避开"障碍

在宣传片中,当一架无人机正飞在纽约市郊上空的时候,克拉克森就介绍说,未来为了适应不同的飞行环境,亚马逊还会推出不同设计的无人机家族。

宣传片中的无人机可以飞行约 24.14 公里,并且可以感知周围的变化。无人机应用了自动躲避技术,可以随时监控,并躲避各种障碍物,保证正常飞行。从宣传片中可以看出,该款无人机已经进行了诸多的改进,不仅飞行更加稳定,而且飞行高度也提高了。

克拉克森在宣传片中介绍说,之所以采用无人机送快递是为了保障快递的安全。

当无人机飞到 121.92 米的高度时,精巧的混合式设计可以让其进行水平方向的飞行。无人机在接近地面目的地的时候,用户就会收到快递即将到达的信息;当无人机获准降落后,无人机将自动切换回垂直模式,并对降落区可能存在的潜在危险进行扫描;扫描安全之后,无人机将慢慢降落到有亚马逊 Logo 的着陆点,将包裹放下后再飞回空中。

(3)何时才能投入使用

随着美国商用无人机需求的持续增长,2015 年 2 月,FAA 颁布了《商用无人机管理条例草案》,同时白宫也发布了一份总统备忘录,要求无人机在使用过程中做到公开透明,同时要保护公民的自由。

草案规定,无人机的操作者需要通过笔试获得一种特殊的飞行员执照,无人机只能在白天飞行,并且飞行速度要控制在 160km/h 以下,飞行高度要在 152 米以下的可视区域,而且无人机的操作者必须年满 17 岁。无人机不允许在人们的头顶飞行,也不能靠近飞机场,以规避潜在的安全威胁。另外,新闻机构禁止使用无人机进行拍摄活动。

当然草案中也不允许用无人机运送包裹。但是新法草案从公布到实施还需要很长一段时间,随着科技的不断进步,或许这些规则也将会进行一些修订。从全球范围来看,无人机需求不断上升,无人机在商业领域的应用也日益广泛,无人机可以帮助企业降低成本,开展有风险的工作,并且促进商业领域的创新。

根据美国新闻网站 Quartz 报道的消息,FAA 已经取消了关于无人机安全性能的测试,这为亚马逊的无人机计划的实现创造了一种良好的环境。

4.顺丰:无人机快递配送服务

2015 年,顺丰公司与极飞科技合作的物流无人机项目不仅在物流行业引起了剧烈的震动,同时也吸引了各大媒体的争相报道。作为无人机快递的先锋,顺丰已经将无人机快递铺向了珠三角地区,每天无人机的飞行密度能够达到 500 架次,为山区、偏远乡村等农村市场提供无人机快递服务。

随着无人机快递的兴起以及测绘市场对无人机需求的日益高涨,国家相关部门也在推动行业监管条例逐渐走向明确化。以中国航空器拥有者及驾驶者协会(AOPA)为代表的部门,正在积极推进无人机行业飞行的标准化以及规范化。未来,无人机行业的从业者将必须经历"三步走"环节,即考取驾驶执照——进行适航审定——申请空域飞行许可。

不管是亚马逊还是顺丰,在开展无人机快递测试的时候都是将地点选在了城市中心。事实上,这些地区由于交通发达,单位面积包裹多,采用人力送货效率更高。无人机在城市中飞行,不仅飞行空间有限,而且收货也比较困难,因此这些测试活动炒作的嫌疑较大,实际运营的可能性较小。

而顺丰在经过了两次无人机研发以及送货服务测试之后,将无人机快递的市场定位在了偏远的山区和农村。

目前,顺丰与极飞科技合作研发的快递无人机已经更新升级到了第三代,并且在广州和浙江等地区都进行了高密度的测试。顺丰的无人机快递模式,采用了一套系统化的飞行调度系统,需要全天候飞行器、远程调度系统、地面收发站点和第三方等配合协调完成。

无人机的地面收发站点在接收到飞行任务之后,快递员会将装有包裹的无人机放在指定的位置,并用把枪扫描确认航班信息,无人机在确认信息无误之后会自动起飞,当到达指定地点之后,会有收件员通过把枪扫描确认航班到达,并取下包裹,无人机将自动返航。

顺丰目前的无人机试点航线主要是在山区、偏远乡村以及大型湖泊水库等,在珠三角地区每天以500架次的密度飞行,并在飞行过程中收集实地的飞行数据,从而为以后无人机快递的整体运营和调度系统的构建提供有价值的数据参考。顺丰致力于打造一个庞大的无人机运送网络,从而提高偏远地区和农村市场的物流运输能力,进一步缩短快递运送的时间,提升消费者的物流体验。

顺丰的无人机快递并非是遥控无人机投递包裹那么简单,同时还囊括了无人机的落地、调度和管理的自动化系统。

顺丰无人机快递的市场目标聚焦于偏远地区,同时也会应用于物流站点之间的应急快件运送等特殊情况。由于各家物流企业对无人机物流的需求并不大,因此无人机物流要想实现爆发式增长还需要很长一段时间。而且要在公众市场上广泛使用无人机为消费者送货并不现实,因此,无人机在农村物流、测绘等领域的发展空间更大一些。

二、无人驾驶汽车[①]

埃隆·马斯克(Elon Musk)是特斯拉汽车公司的CEO,十分推崇全自动化的汽车,他对目前无人驾驶汽车的形势总结是:"问题比人们想象的要简单……但也不是一个人苦干三个月就能解决的,它更有可能是需要数十人共同奋斗两年才能实现。"虽然无人驾驶技术几近准备就绪,但是这一独特技术打造的无人驾驶汽车所依存的社会环境可能还未准备妥当。

诸多社会因素制约了无人驾驶汽车的推广应用。软件开发人员不得不面对的一个问题就是用户本身。当新的软件引入到一个组织中时,影响软件普及的最大阻碍通常不是软件自身的工作表现,而是人们对之前产品的依赖。由于这些用户的组织文化和工作流程都建立在之前的软件产品上,而改变人们的工作习惯就会引发阻抗。一旦工作流程改变,有些人就会失去地盘,有些人会被迫重新思考如何做事,诸如此类。人员问题通常是隐藏在海平面下的冰山,它会阻挠一个组织成功吸收新技术,尽管这一技术可以节省组织的时间、金钱,并提高生产力。在对无人驾驶汽车的接纳上,人员问题可能有来自消费者一方的对抗,但我们预计事实并不尽然。虽然汽车公司的高管们曾大胆地坚持认为人们喜爱驾乘的体验,而且会继续偏爱自己驾驶汽车,但是我们认为消费者的接受度并不能成为一种阻碍。

1.发展历史

(1)国外发展史

国外无人驾驶汽车的发展历程:20世纪50年代,国外就开始了对无人驾驶车辆的探索研究。美国贝瑞特电子公司在1953年研制出全球第一台通过改装牵引式拖拉机而成的自主导航车,它的功能还仅仅局限于在布置好的导轨上传送货物。1971年,英国道路研究实验室(RRL)通过一段视频展示了其测试的一辆与通用想法类似的自动驾驶汽车。1980年,美国国防部为了让汽车拥有充分的自主权,开启了自主地面车辆(AVL)新计划,该项目采用摄像头和计算机系统,来检测地形并对车进行导航。1990年,奔驰汽车公司和德国慕尼黑联邦国防军大学合作研制改装了奔驰S500汽车,为其配备了多种传感器,达到了实时监测车辆周围的环境并做出相应

---

① 胡迪·利普森、梅尔芭·库曼:《无人驾驶》,文汇出版社2017年版。

反应,而其自动驾驶距离已经超过了 1000 千米。

进入 21 世纪,无人驾驶汽车取得了更大的进步。2005 年,美国斯坦福大学成功地对一辆大众途锐进行配备激光测距仪、处理器以及 GPS 导航的改装,对现在的无人驾驶汽车具有重大的借鉴意义。2009 年,在美国国防部的支持下,谷歌开始研发无人驾驶汽车项目,一年之后,谷歌公司自主研制的无人驾驶汽车在城市道路上进行了行驶测试。2011 年,无人驾驶汽车与普通汽车一样可以上路的相关法律在美国得到通过,谷歌公司便获得了美国无人驾驶汽车的授权,谷歌公司也成了世界上第一个授权公司。随着政策的有力支持,无人驾驶技术在不断地完善,次年,无人驾驶汽车便进入人们的日常生活,一辆谷歌无人驾驶汽车获得了美国内华达州机动车辆管理局颁发的牌照。2014 年 5 月,在美国科技新闻网站举办的"Code 大会"上,谷歌发布了最新研发的无人驾驶汽车原型。2016 年 3 月,谷歌研发的具有人工智能系统的无人驾驶车,被美国车辆安全监管机构认为符合联邦法律,意味着无人驾驶汽车又迈出了崭新的一步。

(2)国内发展史

我国无人驾驶汽车技术虽然研究起步较晚,但一直在循序渐进地推进之中。20 世纪 80 年代,我国开始了对无人驾驶汽车项目研制,1980 年,作为国家重点研究开发项目的无人驾驶汽车前身的"遥控驾驶的防核化侦察车"由国家立项。1989 年,我国的首辆智能小车在国防科技大学研制成功。1992 年,无人驾驶技术取得重大进步,国防科技大学、北京理工大学等著名大学研制成功了由中型面包车增加配备计算机、控制系统和传感器改装而成的我国第一辆真正意义上能够自主行驶的测试样车(ATB-1),ATB-1 无人车具有人工驾驶性能也有自动驾驶性能,该测试样车的成功标志着我国无人驾驶技术研发的正式启动。

进入 21 世纪,我国加快了对无人驾驶技术的重点研制开发,国家"863 计划"的颁布,使无人驾驶汽车得到更多的技术和政策支持。2000 年,作为我国无人驾驶汽车科学技术前沿的国防科技大学宣布其研究开发的第 4 代无人驾驶汽车试验成功。2003 年,国防科技大学和一汽共同合作研发成功了一辆无人驾驶汽车——红旗 CA7460,该汽车能够根据车辆前方障碍的情况进行自动变换车道。两年后,我国的首辆城市无人驾驶汽车由著名高校上海交通大学研制成功。2011 年,国防科技大学和中国一汽在 2006 年研发的无人驾驶汽车红旗 HQ3 取得重大进步,该车首次完成了高速全程无人驾驶试验,地点从湖南长沙出发,到湖北武汉结束,无人驾驶的平均速度达到 87km/h,全程总行驶距离为 286 千米,标志着我国又取得了新的技术突破。2012 年 11 月,军事交通学院研制的无人驾驶汽车完成了高速公路测试,是第一辆得到了我国官方认证的无人汽车,其高速公路测试行驶路程为京津高速台湖收费站到距离其 104 公里的天津东丽收费站。2015 年 12 月,百度无人驾驶汽车完成北京开放高速公路的自动驾驶测试,意味着无人驾驶这一项技术从科研开始落地到产品。2016 年 3 月,"十三五"汽车工业发展规划意见出台,规划要求在十三五期间建立汽车产业创新体系,积极发展智能网联汽车。

（3）通用无人驾驶汽车

通用汽车公司是最早进入无人驾驶汽车研究的汽车公司之一。在 1939 年,通用汽车公司的市场部人士就设想出了第一代无人驾驶汽车,并在世界博览会上公之于众。通用公司大胆地展示了一个名为"未来世界"的作品,即一个自动化的高速公路,并预计到 1960 年时它将使驾驶出行可以"解放双手,解放双脚"。

通用汽车公司的"未来世界"以美国的一个典型城镇为背景,构建了未来现代化后的沙盘模型,参观者凭借移动座椅的便利,随着椅子移动欣赏这个迷你世界的动人景色,迷你的城市、农场、郊外,甚至还有一个小机场,接连从参观者的眼前滑过,而将这些建筑连接起来的是宛若绸带穿行于其间的"自动化高速公路"。在数分钟的浏览过程中,参观者还能听到一段解说录音,描述着这个"未来世界"的幸福生活。

"未来世界"的解说词为人们描绘了 1960 年的生活:普通人也可以享受便利的出行,所依托的就是在自动化高速公路上行驶的借助一套无线电控制系统管理的汽车(这些受无线电控制的汽车具体的工作原理被有意含糊过去了)。按照解说的设想,仅仅在据当时 21 年后的未来世界,人类驾驶员就都会变成休闲的乘客,这都要感谢通用汽车公司研发出的创新汽车,无线电控制的汽车会自行引导驶进驶出自动化的公路,既安全舒适又绝对的安全经济便利,将人们从家里送到公司、机场,或者任何人们想去的地方。

20 世纪 50 年代,通用汽车公司与美国无线电公司合作,共同研发了电子化高速公路和一套"自动操作系统",时间点上早于计算机机器视觉的发明,这套自动操作系统可以自动调整车辆在道路上行驶时的横向位置,其准确性和反应速度丝毫不逊于一个注意力集中的人类驾驶员。

在 1964 年,通用汽车公司设计出了火鸟概念车。其后,由于无人驾驶技术、社会问题的突出,让无人驾驶汽车的研发停滞了很长的一段时间。

2016 年初,通用汽车公司收购了旧金山初创企业 Cruise Automation,

以帮助其加速开发无人驾驶汽车,并向 Lyft 投资 5 亿美元,后者是仅次于 Uber 的第二大美国拼车公司,准备联合开发无人驾驶汽车拼车服务。

最近,通用汽车公司拟于 2018 年开始生产和部署数千辆无人驾驶电动汽车,并与合作伙伴、拼车公司 Lyft 共同进行测试。这可能是 2020 年之前,由汽车制造商主导的最大规模的全自动无人驾驶汽车测试,通用无人驾驶汽车主要是特别改装的 Chevrolet Bolt 电动汽车。

(4)百度无人驾驶汽车

百度已经将视觉、听觉等识别技术应用在"百度无人驾驶汽车"系统研发中,负责该项目的是百度深度学习研究院。

2014 年 7 月 24 日,从百度证实,百度已启动"百度无人驾驶汽车"研发计划。

2015 年 12 月,百度公司宣布,百度无人驾驶车国内首次实现城市、环路及高速道路混合路况下的全自动驾驶。百度公布的路测路线显示,百度无人驾驶车从位于北京中关村软件园的百度大厦附近出发,驶入 G7 京新高速公路,经五环路,抵达奥林匹克森林公园,并随后按原路线返回。百度无人驾驶车往返全程均实现自动驾驶,并实现了多次跟车减速、变道、超车、上下匝道、调头等复杂驾驶动作,完成了进入高速(汇入车流)到驶出高速(离开车流)的不同道路场景的切换。测试时最高速度达到 100 千米/小时。

2016 年 7 月 3 日,百度与乌镇旅游举行战略签约仪式,宣布双方在景区道路上实现 Level4 的无人驾驶。这是继百度无人车和芜湖、上海汽车城签约之后,首次公布与国内景区进行战略合作。

2016 年百度世界大会无人车分论坛上,百度高级副总裁、自动驾驶事业部负责人王劲宣布,百度无人车刚获得美国加州政府颁发的全球第 15 张无人车上路测试牌照。

2017 年 4 月 17 日,百度宣布与博世正式签署基于高精地图的自动驾驶战略合作,开发更加精准实时的自动驾驶定位系统。同时在发布会现场,也展示了博世与百度的合作成果——高速公路辅助功能增强版演示车。

百度无人驾驶车项目于 2013 年起步,由百度研究院主导研发,其技术核心是"百度汽车大脑",包括高精度地图、定位、感知、智能决策与控制四大模块。其中,百度自主采集和制作的高精度地图记录完整的三维道路信息,能在厘米级精度实现车辆定位。同时,百度无人驾驶车依托国际领先的交通场景物体识别技术和环境感知技术,实现高精度车辆探测识别、跟踪、距离和速度估计、路面分割、车道线检测，为自动驾驶的智能决策提供依据。

百度将把现有的大数据、地图、人工智能和百度大脑等一系列技术应用到即将到来的无人驾驶车中。

三、无人仓库[①]

无人仓库的出现，是伴随着机器人技术的发展开始的。由先进的自动化机器人代替人的劳动，从而实现仓库的无人化。最为著名的要数亚马逊的 Kiva 机器人了，2012 年亚马逊以 7.75 亿美元的价格收购了自动化物流提供商 Kiva 的机器人仓储业务。Kiva 机器人重约 320 磅（145 千克），可抬起重达 720 磅（340 千克）的物品，能根据无线指令完成订单货到人任务，工作效率是人工的 3 倍以上，准确率可达 99.9%。

除亚马逊 Kiva 机器人以外，2015 年 8 月，日立也公开宣布研发出一种新型机器人，可以自行移动并装卸和搬运货物。这款机器人安装有两条灵活的机械臂，可以用于抓取不同形状、尺寸和重量的货物，并搬运到指定的位置。

传统的机器人在面对形态各异的货物时通常会束手无策，而新型机器人则可以轻松应对。电子商务的繁荣使得多种形态货物的少量搬运需求日益增多，传统的机器人越来越难以满足这一需求。

目前在物流仓储中使用的搬运机器人只能连续搬运同一种形状的货物，但是货架上不可能只有一种形态的货物，因此搬运机器人在搬运多种形状的物品上仍然存在技术瓶颈。

而日立推出的新型机器人是在移动平板车上安装 2 个升降台，并分别安装上操作臂型的机器人，一条机械臂的顶端装有吸附装置，而另一条则装有 2 根机械手指。移动平板车在到达指定的货架之后，调整升降台的高度，并利用安装在机械臂上的摄像头对货物进行确认，然后调整出能够拿起货物的形态，最后拿起货物。

例如，物流机器人取箱中的 PET 瓶的时候，会利用机械臂上的吸附装置将货架上的箱子移到近前，并用 2 根机械手指将箱子中的 PET 瓶取出来。如果物品的重量比较大，还会在下面托着搬运。新型物流机器人可以搬运各种形状及重量的货物。

---

① 赵光辉、朱谷生:《互联网＋交通:智能交通新革年时代来临》，人民邮电出版社 2016 年版。

这款新型机器人的整体构造包括 1 台平板车、2 个升降台以及 2 条机械臂,只需要这 5 个装置就可以完成多样化的工作。但是在完成工作的过程中需要各个装置相互协同,因此也就离不开各个装置之间的通信联动。

平板车在移动的过程中可以通过传感器测量与货架之间的距离,在距离只有 1 米并且需要共同作业的时候才会向机械臂发出信号,这样不仅减少了通信量,同时还提高了动作速度。在一般情况下,从平板车停在货架前到取出箱中的物品只需要 3 秒。随着多种货物少量搬运需求的不断上升,作业能力强的机械臂型机器人将会受到更多企业的欢迎。

【问题与思考】

1. 简述你对"无人技术"的理解。

2. 简述"大数据"的多种定义。

3. 简述"人工智能"的经历。

4. 简述"感知技术"的理解与特点。

5. 简述"无人机"的应用与研究现状。

6. 简述"无人驾驶汽车"的应用与研究现状。

7. 简述"无人仓"的应用解决了哪些问题,其关键技术是什么?

第五章　智能通信网络技术及其创新应用

【学习目标】

1.掌握智能通信网络的概述。

2.了解智能通信网络的网络层概述。

3.了解无线传感器网络的概述。

4.基本了解无线传感器网络的发展历程。

5.掌握无线传感器网络的创新应用领域。

6.基本具备智能通信网络的创新思维。

【案例导入】

　　智能通信网络日益发达,移动互联网、物联网都要求越来越多的 IP 地址,如今的 IPv4 地址数量有限,给时代的发展带来重重困难,互联网的发展走到了瓶颈。幸运的是,有了它的出现——IPv6。

　　那什么是 IPv6 呢? IPv6 是"Internet Protocol Version 6"的缩写,由国际互联网标准化组织 IETF 设计,作为 IPv4 的下一代 IP 协议,它可以提供强大的 IP 地址,号称连一粒沙子都能编上一个地址。我国早在 1998 年 CERNET 就首次引进 IPv6,曾经有相关人士预计,IPv6 从实验到商用的整个部署过程投资逾 1600 亿元,却没有可行的盈利机制。目前我国的 IPv6 的普及率却极低,我国拥有的 IP 本来就不多,全球拥有的 IPv4 地址大约有 43 亿个,但是中国作为人口最多的一个国家,拥有的 IP 地址才 2 亿个左右,完全无法满足电信业务的需求,目前只有 IPv6 能解决这个问题。

　　近日,在 2018 互联网大会上,业界再次针对 IPv6 规模部署话题进行讨论,其中中国三大运营商做出了表态,中国移动副总经理李正茂介绍到中国移动已实现 IPv6 从试点到规模商用的跨越,支持 IPv6 的移动终端上市已超过 10 亿部,支持 IPv6 的 VoLTE 用户超过 2 亿。中国电信副总经理刘桂清也公开表示基本完成 IPv6 改造并具备了全网开通能力,重点放在推进从网络能力到业务能力的转变。中国联通则表示已在北京、广东等 15 个省市部分区域提供了 4G 网络 IPv6 数据服务以及固定宽带网络 IPv6 服务。据了解,互联协会副理事长黄澄清表示 5G 的到来,为 IPv6 带来最佳发展机会,并且预计,"IPv6+5G"会给物联网带来更多新业务。

除此之外,百度云基于其 ABC+IoT 战略指引,推出了 IPv6 落地方案,实现"三步走"战术。百度云作为国内 IPv6 推广的支持者,近年来,针对 IPv6,观察用户需求,并随着国家 IPv6 协议落地环境的日益完善,百度云抓住机遇,率先推出 IPv6 落地方案,坚定表明支持 IPv6 的推广。阿里巴巴副总裁刘松表示,阿里巴巴集团从 5 年前开始布局 IPv6,计划 2018 年完成天猫、优酷、淘宝、支付宝等大流量产品的 IPv6 改造,并且实现阿里云所有重要场景的改造。腾讯副总裁马斌则表示目前腾讯云的 IPv6 能力已覆盖基础设施 IaaS、PaaS、SaaS 等各个层级,希望采用平滑过渡的方式推进,计划到 2022 年基本实现从 IPv4 到 IPv6 的转换。

那推进 IPv6 规模部署对我们生活有什么影响呢? 首先我们的网络安全得到更多的保障,曾有学者谈到,没有自己的根服务器,信息安全就存在风险。就是说我们在进行网络信息交流时,信息都会经过别人的根服务器,那我们的信息就随时被别人控制着。加上目前 IPv4 的核心技术源于美国,2018 中国互联网大会上,互联网协会副理事长黄澄清谈到,我国拥有的 IP 地址过少,而且根服务器过少,我国网络安全完全不能自我控制。下一代互联网国家工程中心主任刘东提出,IPv6 体系给我国扩展根服务器创造了新机会。国际关系学院教授周琳娜表示我国正在不遗余力发展自己的技术,互联网根服务器作为各国都在积极争取的重要战略资源,我们的根服务器不可以被别人控制。总之,推进 IPv6 规模部署,顺应了全球互联网发展趋势,让我们的网络安全更加有保障。

(案例来源:《计算机网络》)

第一节　智能通信网络的概述

一、智能通信网络在信息时代中的作用

我们知道,21 世纪的一些重要特征就是数字化、网络化和信息化,它是一个以网络为核心的信息时代。要实现信息化就必须依靠完善的智能网络,因为智能网络可以非常迅速地传递信息。因此智能通信网络现在已成为信息社会的命脉和发展知识经济体系的重要基础。网络对社会生活的方方面面以及社会经济的迅速发展已经产生了不可估量的影响。

有三类智能通信网络被大家所熟知，即电信网络、有线电视网络和计算机网络。按照最初的服务分工，电信网络向用户提供电话、电报及传真等服务。有线电视网络向用户传送各种电视节目。计算机网络则使得用户能够在计算机间传送文件数据。这三种网络在信息化过程中都起到了十分重要的作用，但智能通信网络中发展最快并起到核心作用的是计算机网络，它是"智能"二字充分的体现，是人工智能崛起后网络发展的必然趋势。

随着技术的发展，电信网络和有线电视网络都逐渐融入了现代计算机网络的技术，扩大了原有的服务范围，而计算机网络也能够向用户提供电话通信、视频通信以及传送视频节目的服务。从理论上讲，把上述三种网络融合成一种网络提供所有上述服务，这就是早期提出的"三网融合"。然后，事实并不如此简单，因为这涉及各方面的经济利益和行政辖区问题。

自从 20 世纪 90 年代以后，以 Internet 为代表的计算机网络得到了飞速的发展，已从最初的仅供美国人使用的免费教育科研网络，逐步发展成供全球使用的商业网络，成为全球最大和最重要的智能通信网络。可以毫不夸张地说，Internet 是人类自印刷术发明以来在存储和信息交换领域中的最大变革。

Internet 的中文译名并不统一。现有的 Internet 译名有两种。第一种译法是因特网，这个译名是全国科学技术名词审定委员会推荐的。虽然因特网这个译名较为准确，但却长期未得到推广。第二种译法是互联网，这个是目前最流行的标准译名。现在我国的各种报纸杂志、政府文件以及电视节目中都毫无例外地使用这个译名。Internet 是由数量极大的各种计算机网络互联起来的，采用互联网这个译名能够体现出 Internet 最主要的特征。

有时，我们往往使用更加简洁的方式表示互联网，就只用一个"网"字。例如，"上网"就是表示使用某个电子设备连接到互联网，而不是连接到其他网络上。还有如网民、网吧、网银、网购等。这里的"网"一般都不是指电信网或者有线电视网，而是指当今世界上最大的计算机网络 Internet——互联网。

那么，什么是互联网呢？很难用几句话说清楚。但我们可以从两个方面去认识互联网。这就是互联网的应用和互联网的工作原理。

绝大多数人认识互联网都是从接触互联网的应用开始的。现在的小孩子就会上网玩游戏，看网络视频，或者和朋友在微信上聊天。而更多成年人则经常在互联网上搜索和查询各种信息。现在人们经常利用互联网的电子邮件互相通信(包括传送各种照片和视频文件),这就使得传统的邮政信函业务量大大减少。在互联网上购买各种物品,既方便又经济实惠,改变了必须到商店购物的方式。在互联网上购买机票或火车票,可以节省大量排队时间,极大方便了旅客。在金融方面,利用互联网进行转账或买卖股票等交易,都可以节省大量时间。需要注意的是,互联网的应用并不是固定不变的,而是会不断有新的应用出现。

从应用角度认识互联网门槛较低,因为这不需要懂得很多互联网知识。现在很多小学生都能够非常熟练地使用手机上的各种应用程序。但教材还是要着重讲解计算机网络的工作原理。通过掌握计算机网络的基本工作原理,我们才可以更好地理解互联网是怎么进行工作的。

互联网之所以能够向用户提供许多服务,就是因为互联网具有两个重要的基本特点,即连通性和共享。

所谓连通性,就是互联网使得上网用户之间,不管相距多远,都可以非常便捷、非常经济地交换各种信息,好像这些用户终端都彼此链接在一起。这与使用传统的电信网络有着很大的区别。我们知道,传统电信网络向用户提供的最重要的服务就是人与人之间的电话通信,因此电信网也具有连通性这个特点。但使用电信网的电话用户,往往要为此向电信网络运营商缴纳相当昂贵的费用,特别是长距离的通信,如越洋通信。但应注意,互联网具有虚拟的特点。例如,当你从互联网上收到一封电子邮件时,你可能无法准确知道对方是谁(朋友还是骗子),也无法知道发信人的地点(在附近,还是在地球的对面)。

所谓共享就是指资源共享。资源共享的含义是多方面的。可以是信息共享、软件共享,也可以是硬件共享。例如,互联网上有许多服务器(就是一种专用的计算机)存储了大量有价值的电子文档(包括音频和视频文件),可供上网用户很方便地读取或者下载(无偿或者有偿)。由于网络的存在,这些资源好像就在用户身边一样能够便使用。

现在人们的生活、学习和工作都已经离不开智能通信网络。设想一下,某一天我们所在的城市互联网突然瘫痪不能工作了,这会出现什么结果呢? 这时,我们将无法购买机票或者火车票,因为在售票处无法得知通过互联网目前还有多少余票可供出售;我们也无法到银行存款或取钱,无法缴纳水电费和煤气费等;股市交易都将停止;在图书馆我们也无法检索到想要的信息和资料。互联网瘫痪后,我们既不能上网查阅相关资料,也无法使用电子邮件和朋友及时进行沟通交流,网上购物也将终止。 总之,这样的城市将会是一片混乱。 由此可以看出,人们的生活越是依赖互联网,互联网的可靠性也就越重要。现在互联网已经成为社会最重要的基础设施。

互联网现在可以向广大用户提供休闲娱乐的服务,如各种音频和视频节目。上网的用户可以利用鼠标随时进行在线点播。互联网还可以进行一对一或者多对多的网络聊天,使人们的社交方式发生重大的变化。

现在常常可以看到一种新的提法,即"互联网+"。它的意思是"互联网+各个传统行业",因此可以利用智能通信技术和互联网平台来创造新的发展生态。实际上"互联网+"代表一种新的经济形态,其特点就是把互联网的创新成果深度融合于经济社会各个领域之中,这就大大提升了实体经济的创新力和生产力。我们也必须看到互联网的各种应用对各行各业的巨大冲击。例如,电子邮件迫使传统的电报业务退出市场。网络电话的普及使得传统的长途电话的通信量急剧下降。对日用品快捷方便的网购造成了不少实体店的停业。原来必须排长队购买火车票的网点已经被非常方便的网购所取代。网约车的问世对出租车行业造成了巨大的冲击。这些例子都说明互联网应用已经对整个社会的各个领域产生了深远的影响。

当然,有利必有弊,互联网也给人们带来了些负面影响。有人肆意利用互联网传播计算机病毒进行经济牟利,破坏互联网上的数据的正常传送和交换;有的犯罪分子甚至利用互联网窃取国家机密和盗窃银行或储户的钱财;网上欺诈或在网上肆意散播谣言、不良信息和播放不健康的视频节目;还有进行网络平台信贷,产生了各种恶劣的影响;有些青少年弃学而沉溺于网吧的网络游戏中等等。

虽然如此,互联网的负面影响毕竟还是次要的。随着互联网管理的加强,互联网给社会带来的正面积极作用已经成为互联网的主流。

由于互联网已经成为世界上最大的计算机通信网络,因此下面我们先进行互联网的概述,包括互联网的主要构件,这样就可以对计算机网络有个初步的了解。

二、智能通信网络的网络层概述

1. 网络层提供的两种服务

在计算机网络领域,网络层应该向运输层提供怎样的服务("面向连接"还是"无连接")曾引起了长期的争论。争论焦点的实质就是:在计算机通信中,可靠交付应当由谁来负责?是网络还是端系统?

有一种观点认为,应借助于电信网的成功经验,让网络负责可靠交付,计算机网络应模仿电信网络,使用面向连接的通信方式。通信之前先建立虚电路,以保证双方通信所需的一切网络资源。如果再使用可靠传输的网络协议,就可使所发送的分组无差错按序到达终点,不丢失、不重复。如图5-1所示:

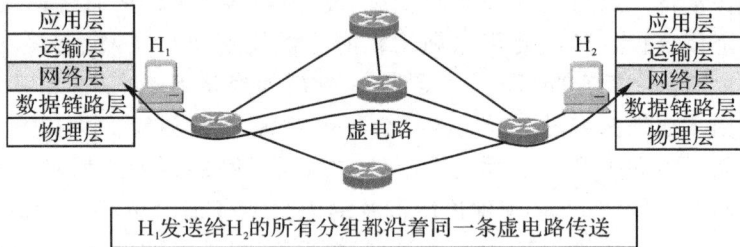

图 5-1　虚电路服务

虚电路表示这只是一条逻辑上的连接,分组都沿着这条逻辑连接按照存储转发的方式传送,而不是真正建立了一条物理连接。请注意,电路交换的电话通信是先建立一条真正的连接。因此分组交换的虚连接和电路交换的连接只是类似,但并不完全一样。

另外一种观点认为:网络提供数据服务。互联网的先驱提出了一种崭新的网络设计思路。网络层向上只提供简单灵活的、无连接的、尽最大努力交付的数据包服务。网络在发送分组的时候不需要事先建立连接。每个分组(即 IP 数据报)独立发送,与其前后的分组无关(不能进行编号)。同时,网络层不提供服务质量的承诺。即所有传送的分组可能出错、丢失、重复和失序(不按序到达终点),当然也不保证分组传送的时限。

由于传输网络不提供端到端的可靠传输服务,这就使网络中的路由器可以做的比较简单,而且价格低廉。如果主机(终端系统)中的进程之间的通信需要是可靠的,那么就由网络的主机中的运输层负责可靠交付(包括差错处理和流量控制)。采用这种设计思路的好处是:网络的造价大大降低了,运行方式更为灵活多变,能够适应各种应用程序和场合。智能通信网络能够发展到今日的规模,充分证明了当初采用的这种设计思路的正确性。图 5-2 给出了数据报服务的示意图:

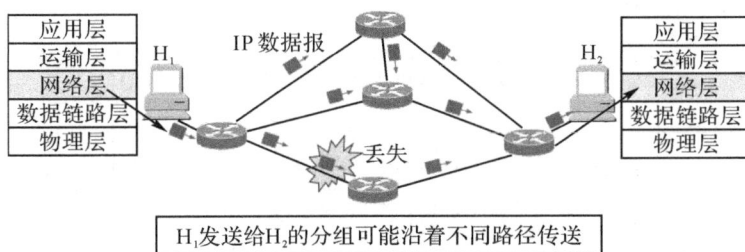

图 5-2　数据报服务

2.分类的 IP 地址

在 TCP/IP 体系中,IP 地址是一个最基本的概念。本节重点学习两部分内容,第一就是 IP 地址及其表示方法,第二就是常用的三种类别的 IP 地址。

(1)IP 地址及其表示方法

我们把整个因特网看成为一个单一的、抽象的网络。IP 地址就是给每个连接在互联网上的主机(或路由器)分配一个在全世界范围是唯一的 32 位的标识符。IP 地址现在由互联网名字和数字分配机构 ICANN (Internet Corporation for Assigned Names and Numbers)进行分配。

IP 地址的编址方法共经过了三个历史阶段。

首先是分类的 IP 地址。这是最基本的编址方法,在 1981 年就通过了相应的标准协议。

其次是子网的划分。这是对最基本的编址方法的改进,其标准[RFC 950]在 1985 年通过。

再次是构成超网。这是比较新的无分类编址方法。1993 年提出后很快就得到推广应用。

所谓"分类的 IP 地址"就是将 IP 地址划分为若干个固定类。每一类地址都由两个固定长度的字段组成,其中一个字段是网络号 net-id,它标志主机(或路由器)所连接到的网络,而另一个字段则是主机号 host-id,它标志该主机(或路由器)。主机号在它前面的网络号所指明的网络范围内必须是唯一的。由此可见,一个 IP 地址在整个互联网范围内是唯一的。

这种两级的 IP 地址结构如下图 5-3 所示:

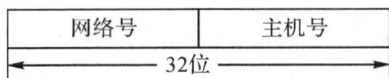

网络号	主机号

图 5-3　IP 地址结构图

这种两级 IP 地址可以标记为下图 5-4 所示：

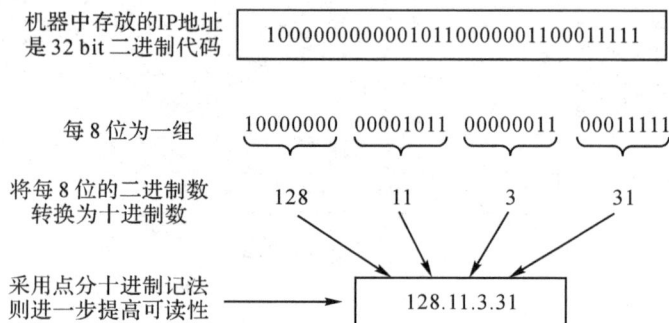

机器中存放的IP地址
是 32 bit 二进制代码

| 10000000000010110000001100011111 |

每 8 位为一组   10000000 00001011 00000011 00011111

将每 8 位的二进制数
转换为十进制数   128   11   3   31

采用点分十进制记法
则进一步提高可读性 → 128.11.3.31

图 5-4 IP 地址定义

图 5-5 给出了各种 IP 地址的网络号字段和主机号字段，这里的 A 类、B 类和 C 类地址都是单播地址（一对一通信），是最常用的。

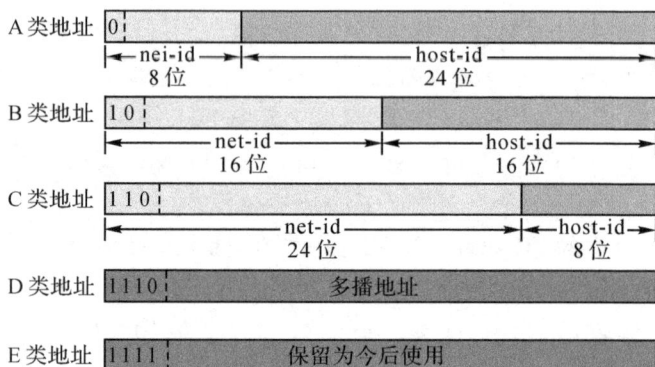

图 5-5 IP 地址中的网络号字段和主机号字段

从图 5-5 可以看出：A 类、B 类和 C 类地址的网络号字段分别为 1 个、2 个和 3 个字节长，而在网络号字段的最前面有 1～3 位的类别位，其数值分别规定为 0，10 和 110。A 类、B 类和 C 类地址的主机号字段分别为 3 个，2 个和 1 个字节长。D 类地址（前 4 位是 1110）用于多播（一对一通信）；而 E 类地址（前 4 位是 1111）保留为以后用。

对主机或路由器来说，IP 地址都是 32 位的二进制代码。为了提高可读性，我们通常把 32 位的 IP 地址中的每 8 位插入一个空格（但在机器中并没有这样的空格）。为了便于书写，可用其等效的十进制数字表示，并且在这些数字之间加上一个点。这样就叫作点分十进制记法（dotted decimal notation），图 6-6 是一个 B 类 IP 地址的表示方法。显然，128.11.3.31 比

10000000 00001011 00000011 00011111 书写起来方便得多。

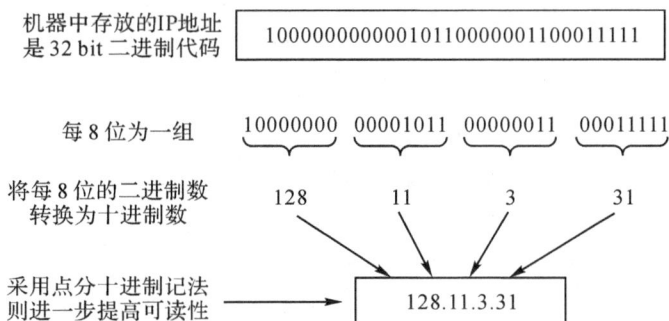

图 5-6 采用点分十进制记法能够提高可读性

（2）常用的三种类别的 IP 地址

A 类地址的网络号字段占 1 个字节，只有 7 位可供使用（该字段的第一位已经固定为 0），但可指派的网络号是 126 个（即 2^7-2）。减 2 的原因是：第一，IP 地址中的全 0 表示"这个（this）"。网络号字段全为 0 的 IP 地址是个保留地址，意思是"本网络"；第二，网络号为 127（即 01111111）保留作为本地软件回环测试（loopback test）本主机的进程之间的通信之用。若主机发送一个目的地址为环回地址（例如 127.0.0.1）的 IP 数据报，则本主机中的协议软件就处理数据报中的数据，而不会把数据报发送到任何网络。目的地址为环回地址的 IP 数据报永远不会出现在任何网络上，因为网络号为 127 的地址根本不是一个网络地址。

A 类地址的主机号占 3 个字节，因此每一个 A 类网络中的最大主机数是 $2^{24}-2$，即 16777214。这里减去 2 的原因是：全 0 的主机号字段表示该 IP 地址是"本主机所连接到单个网络地址"（例如：一主机的 IP 地址为 5.6.7.8，则该主机所在的网络地址就是 5.0.0.0），而全 1 表示"所有的（ALL）"，因此全 1 的主机号字段表示该网络上的所有主机。

IP 地址空间共有 2^{32}（即 4294967296）个地址。整个 A 类地址空间共有 2^{31} 个地址，占整个 IP 地址空间的 50%。

B 类地址的网络号字段有 2 个字节，但前面两位（1 0）已经固定，只剩余 14 位可以进行分配。因为网络号字段后面的 14 位无论怎么样取值也不可能出现使整个 2 字节的网络号字段全 0 或者全 1，因此不存在网络总数减 2 的问题。但实际上 B 类网络地址 128.0.0.0 是不指派的，而可以指派的 B 类最小网络地址是 128.1.0.0。因此 B 类地址可指派的网络数为 $2^{14}-1$，即 16383。B 类地址的每一个网络上的最大主机数是 $2^{16}-1$，即

65534。这里减 2 的主要原因是因为要扣除全 0 或者全 1 的主机号。整个 B 类地址空间共约有 2^{30} 个地址,占整个 IP 地址空间的 25%。

　　C 类地址有 3 个字节的网络号字段,最前面的 3 位是(110),还有 21 位可以进行分配。C 类网络地址 192.0.0.0 也是不指派的,可以指派的 C 类最小网络地址是 192.0.1.0,因此 C 类地址可指派的网络总数是 $2^{21}-1$,即 2097151。每一个 C 类地址的最大主机数是 2^8-2,即 254。整个 C 类地址空间共约有 2^{29} 个地址,占整个 IP 地址的 12.5%。

　　下图 5-7 为 IP 地址的指派范围:

网络类别	最大可指派 的网络数	第一个可指派 的网络号	最后一个可指 派的网络号	每个网络中 最大主机数
A	126(2^7-2)	1	126	16777214
B	16383($2^{14}-1$)	128.1	191.255	65534
C	2097151($2^{21}-1$)	192.0.1	233.255.255	254

图 5-7　IP 地址的指派范围

　　图 5-8 给出了一般不使用的特殊 IP 地址,这些地址只能在特定场合下使用。

网络号	主机号	源地址使用	目的地址使用	代表的意思
0	0	可以	不可	在本网络上的本主机(见 6.6 节 DHCP 的协议)
0	host-id	可以	不可	在本网络上的某台主机 host-id
全 1	全 1	不可	可以	只在网络上进行广播(各路由器均不转发)
net-id	全 1	不可	可以	对 net-id 上的所有主机进行广播
127	非全 0 或全 1 的任何数	可以	可以	用作本地软件回环测试之用

图 5-8　一般不使用的特殊 IP 地址

　　IP 地址具有以下一些重要特点。

　　第一,IP 地址是一种分等级的地址结构。分两个等级的好处是:第一,IP 地址管理机构在分配 IP 地址时只分配网络号,而剩下的主机号则由得到该网络号的单位自行分配。这样就方便了 IP 地址的管理;第二,路由器仅根据目的主机所连接的网络号来转发分组(而不考虑目的主机号),这样就可以使路由器中的项目数大幅度减少,从而减小了路由器所占的存储空间。

第二,实际上 IP 地址是标志一个主机(或路由器)和一条链路的接口。当一个主机同时连接到两个网络上时,该主机就必须同时具有两个相应的IP 地址,其网络号 net-id 必须是不同的。这种主机称为多归属主机(multi-homed host)。由于一个路由器至少应当连接到两个网络(这样它才能将IP 数据报从一个网络转发到另一个网络),因此一个路由器至少应当有两个不同的 IP 地址。

第三,用转发器或网桥连接起来的若干个局域网仍为一个网络,因此这些局域网都具有同样的网络号 net-id。

第四,所有分配到网络号 net-id 的网络,无论是范围很小的局域网,还是可能覆盖很大地理范围的广域网,都是平等的。

第二节　无线传感器网络的创新应用

一、引言

在信息化无处不在的当今社会,人们绝大部分的日常生活行为都与信息资源的开发、采集、传送和处理等息息相关。尤其是在 21 世纪,人们对信息的获取手段提出了更高的要求,要求传感器具有小型化、智能化、多功能化和网络化等特点。正是集合了人们对于信息化的迫切需求以及传感器设备的发展趋势,无线传感器网络(WSN)应运而生,并得到快速发展。无线传感器网络的雏形始于 20 世纪 90 年代末,在诞生之初便受到了极大的关注,美国《商业周刊》和《MIT 技术评论》在预测未来技术发展的报告中,将其列为 21 世纪最具影响力的改变世界的十大技术之一。伴随着近10 年电子和通信技术的蓬勃发展,与无线传感器网络相关的研发工作受到了全球众多科研机构和公司的关注,并逐渐完成了由概念到产品的转化。如今,无线传感器网络已经被应用于众多领域,如工业生产、环境监测、智能建筑、医疗保健和军事系统等等。此外,以物联网为代表的信息革命浪潮正在悄然兴起,作为物联网系统的重要组成部分,无线传感器网络正面临着前所未有的发展机遇。在可预见的未来,无线传感器网络将凭借其"无处不在的计算"深刻地改变与人类生产和生活息息相关的各个领域。

二、无线传感器网络概述

1.无线传感器网络系统结构

无线传感器网络由部署在监测区域内的大量节点组成,这些节点通过无线通信的方式形成多跳自组织监控网络系统,能够协作地实时监测、感知和采集各种环境或监测对象的信息,并通过嵌入式系统对信息进行处理,最后通过随机自组织无线通信网络,以多跳中继方式将所感知的信息传送到用户终端。因此,可以说无线传感器网络的出现使得逻辑上的信息世界与客观上的物理世界融合起来,改变了人类与自然界的交互方式。人们可以通过传感器网络直接感知客观世界,从而提高人类认识世界的能力。

在无线传感器网络系统中,传感器、感知对象和观察者构成了传感器网络的三个要素,其中传感器之间、传感器与观察者之间通过有线或者无线网络通信,节点间以 Ad-Hoc 方式进行通信。从结构上来讲,无线传感器网络通常由无线传感器节点、汇聚节点[也成为接收发送节点(sink)或基站(base station)]、Internet 或通信卫星及用户等构成。

2.无线传感器网络的基本特点

无线传感器网络作为一种新型的信息感知系统,除了具有 Ad-Hoc 网络的移动性、独立性、电源能力局限性等共同特征外,还具有以下鲜明的技术特点。

(1)应用相关性。无线传感器网络是无线网络和数据网络的结合,一般是为了某个特定的需求而设计的。与传统网络能适应广泛的应用不同,无线传感器网络通常是针对某一特定的应用,是一种基于应用的无线网络。在应用中,各个节点能够协作地实时监测、感知和采集网络分布区域内的各种环境或监测对象的信息,并对这些数据进行处理。从而获得详尽的信息,并将其传送到需要这些信息的用户。

(2)网络的大规模性。为了获取精准信息,在监测区域通常部署了大量传感器节点,其数量可能达到成千上万,甚至更多。在大规模的网络中,通过不同空间视角获得的信息具有更大的信噪比;通过分布式处理大量采集的信息能够提高检测的精确度,降低对单个节点传感器的精度要求。大量冗余节点的存在,使得系统具有很强的容错性能,还能够增大覆盖的监测区域,减少网络空间或盲区。

（3）自组网与自维护性。对于由随机散播大量节点而构成的传感网络而言，每个节点的地位平等，网内没有绝对的控制中心，可以在任何时刻和地点自动组网，传感器节点的位置不能预先精确设定，节点之间的关系也不确定，不像通常使用的网络固定地址和关系。这就需要无线传感器网络能够通过拓扑和网络通信协议自动地进行配置和管理，形成监测多跳无线网络。同时，单个节点或者局部几个节点由于环境的改变等原因失效时，网络拓扑应能随时间动态变化。这就要求无线传感器网络具备维护动态路由的功能，才能保证网络不会因为部分节点出现故障而瘫痪。

（4）以数据为中心。在无线传感网络中，各节点内置有不同形式的传感器，用以测量热、红外、声呐、雷达和地震波等信号，从而探测包括温度、湿度、噪声、光强度、压力、土壤成分、移动物体的大小、速度和方向等诸多感兴趣的数据。用户关心的是从网络中获取的信息而不是网络本身，所以以数据为中心是无线传感器网络区别于传统通信网络的主要特点。

（5）需要通过中间节点进行路由。网络的多跳路由通常使用网关和路由器来实现，而无线传感器网络中的多跳路由是由普通网络节点完成的，没有专门的路由设备。因此，每个节点既可以是信息的发起者，也可以是信息的转发者。

（6）网络动态性。无线传感器网络是一个动态的网络，网络中的传感网、感知对象和观察者三要素都可能具有移动性。另外，新节点的加入、已有节点故障或失效，环境条件的变化所造成无线通信链路的带宽变化，都会引起无线传感器网络结构的变化。这就要求传感器网络能够适应结构的随时变化，具有动态系统的可重构性。

（7）节点的可靠性。传感器节点往往要在恶劣的环境下工作，甚至遭到破坏，如有时候要利用飞机空投或者发射炮弹来进行网络节点的部署，所以要求节点非常坚固、不易损坏，及能适应各种恶劣环境。由于传感器节点数量很大，监测的环境面积很大，具体的节点位置时常会发生变化，所以不可能人为地进行网络维护。为了防止监测数据被盗取，要求无线传感器网络具有保密性和安全性，要求整个网络的软、硬件具有很好的鲁棒性和容错性。

（8）节点能量、存储空间和处理能力的有限性。在无线传感器网络中，传感器节点数量众多。为降低网络成本，传感器节点的体积、存储空间、处理能力都受到很大的限制。在通常情况下，传感器节点都布置在偏远、恶劣的环境中，能源由电池提供且难以做到能源的替换，节点能量十分有限。因此，如何克服节点的局限性、降低能耗或者使节点具备成熟的自动获取能源的能力,是目前无线传感器网络设计领域一个重要的技术问题。

3.无线传感器网络的关键技术

无线传感器网络作为当今信息领域新的研究热点,尚有许多关键理论和技术问题有待研究,主要研究内容有以下几方面:

(1)网络拓扑控制。无线传感器网络是自组织网络,在保证网络连通和覆盖的前提下剔除不必要的通信链路,形成数据转发的优化网络结构具有重要意义。通过拓扑控制自动生成良好的网络拓扑结构,能够提高路由协议和 MAC 协议的效率,从而节省节点能量以延长网络生存期,并为数据同和、时间同步和目标定位等奠定基础。

(2)网络协议。传感器网络协议负责使各个独立的节点形成一个多跳的数据传输网络。但由于传感器网络节点的计算能力、存储能力、通信能力以及携带的能量都十分有限,每个节点只能获取局部网络的拓扑信息,其运行的网络协议也不能过于复杂,无线传感器网络除了结构动态变化外,网络资源也在不断变化,这些都对网络协议提出了更高的要求。目前研究的重点是网络层路由协议和数据链路层协议。网络层的路由协议决定了监测信息的传输路径;数据链路层的介质访问控制用来构建底层的基础结构,控制传感器节点的通信过程和工作模式。

(3)时间同步。实现时间同步是传感器网络系统协同工作的关键机制之一。无线传感器网络的一些固有特征,如能量、存储、计算和宽带的限制,以及节点的高密度分布,使传统的时间同步无法适用。因此,越来越多的研究集中在设计适合无线传感器网络的时间同步算法。目前已经提出了多个时间同步机制,其中 RBS(Reference Broadcast Synchronization)、Tiny/Mini-Sync 和 TPSN(Timing-sync Protocol for Sensor Network)被认为是三个基本的同步机制。

(4)定位技术。位置信息是传感器挽留过节点采集过程中不可缺少的部分。在某些应用中,没有位置信息的监测消息通常毫无意义。确定时间发生的位置或数据采集的节点位置是传感器网络最基本的功能之一。根据无线传感器网络的自身特点,定位机制必须满足自组织性、健壮性、能量高效性和分布式计算要求。目前,主要的定位机制有 TOA(Time of Arrival)、TDOA(Time Difference of Arrival)、AOA(Angle of Arrival)和 RSSI(Received Signal Strength Indication)。

(5)网络安全。无线传感器网络作为任务型网络,不仅要进行数据传输,还要进行数据采集、融合及任务协同控制。如何保证任务执行的机密性、数据产生的可靠性、数据融合的高效性以及数据传输的安全性,就成为无线传感器网络需要全面考虑的安全问题。为了保证任务的机密布置和任务执行结果的安全传递和融合,无线传感器网络需要提供基本的安全机制,如机密性认证、点到点的消息认证、完整性鉴别、新鲜性鉴别、认证广播和安全管理等。

(6)数据融合。数据融合是将多份数据或信息进行处理,组合出更有效、更符合需求的数据过程。由于无线传感器网络存在的能量约束,因此需要数据融合以减少传输的数据量,有效节省能量。又由于传感器节点的易失效性,因此传感器网络也需要数据融合技术对多份数据进行综合,以提高信息的精确度。数据融合技术可以与传感器网络的多个协议层次进行结合。在传感器网络的设计中,只有应用需求设计针对性强的数据融合方法才能最大限度地受益。但数据融合技术也存在缺点,它节省能量、提高信息准确度是以牺牲延迟性和鲁棒性等性能为代价的。

(7)数据管理。从数据存储的角度来看,传感器网络可被视为一种分布式数据库。以数据库的方法在传感器网络中进行数据管理,可以将存储在网络中的数据逻辑图与网络中的实现进行分离,使传感器网络的用户只需关心数据查询的逻辑结构,而不用关心细节实现。无线传感器网络数据管理系统的结构主要有集中式、半分布式、分布式以及层次式结构。无线传感器网络中数据的存储采用网络外部存储、本地存储和以数据为中心存储等方式。

(8)嵌入式操作系统。在无线传感器网络中,每个传感器节点都是一个微型的嵌入式系统,内部的硬件资源有限,需要操作系统对其有限的内存、处理器和通信模块进行节能高效的使用,并提供最大支持。在无线传感器网络的操作系统支持下,多个应用可以并发地使用系统的有限资源,因此嵌入式系统也是传感器网络领域的重要研究内容。

三、无线传感器网络的发展

1. 无线传感器网络的演变过程

无线网络技术的发展起源于人们对无线数据传输的需求,它的不断进步直接推动了无线传感器网络概念的产生和发展。早在 20 世纪 70 年代,就出现了传统传感器的点对点传输,形成了传感器网络的雏形,人们把它称为第一代传感器网络。随着科学的不断发展和进步,传感器网络同时还具备了获取多种信息的综合处理能力,并通过与传感控制器的结合,组成兼具信息处理和信息综合两种关键能力的传感器网络,形成了第二代的传感器网络。从 20 世纪末开始,现场总线技术开始应用于传感器网络,人们用其组建智能化传感器网络,大量多功能传感器获得应用,并使用无线技术连接,无线传感器网络逐渐形成。到了 21 世纪,信息化技术的进步促进了无线传感器网络的发展,形成了从单一化逐渐向集成化、微型化和网络化的方向发展。总之,无线网络技术的发展和进步一直是无线传感器网络发展的最主要推动力,下面分别介绍一些与无线传感器网络的发展过程息息相关的网络形式。

(1)ALOHA 系统

ALOHA 系统出现于 20 世纪 60 年代末,是第一个获得成功应用的无线网络,由美国夏威夷大学 Norman Abramson 等研制成功。ALOHA 系统包括 7 台计算机,采用双向星形拓扑连接,横跨夏威夷的四座岛屿。其核心思想是使用共享的公共传输信道,并采用突发占用和碰撞发的方法组成网络系统。当某个用户有信息要传递时,立即向信道发送消息,同时检测信道的使用情况。如果出错,则认为和其他用户发送的数据发生了碰撞,于是在某一时延后重发这个数据分组。这里选取"某一时延"是为了防止发生碰撞的用户在检测到碰撞后都立即重发分组,从而使得各个用户错开重发时间以避免连锁碰撞的恶性循环。

ALOHA 系统有效地将计算机和通信技术结合起来,能够将计算机存储的大量信息传输到需要的地方,在技术上具有重要的意义。

(2)分组无线网

分组无线网(packet radio network,PRNET)最初的研究源于军事通信的需要。基于 ALOHA 系统的成功经验,美国国防部高级研究计划局(DARPA)于 1972 年开始以包交换无线电网为代表的一系列分组无线网络研发计划,研究在战场环境下利用 PRNET 进行数据通信技术。分组无线网络的后续研究取得了不少成果,最主要的进步在于多路访问冲突避免(MACA)无线信道接入协议的开发。MACA 将 CSMA 机制与苹果公司的 Localtalk 网络中使用的 RTS/CTS 通信握手机制相结合,很好地解决了"隐蔽终端"和"暴露终端"的问题。

(3)无线局域网

无线局域网通过无线信道实现了网络设备之间的通信,并实现通信的移动化、个性化和宽带化,它具有接入灵活、移动便捷、组建方便和易于扩展等诸多优点,作为全球公认的局域网权威,IEEE802 工作组建立的标准在局域网内得到广泛应用。

目前,无线局域网采用的传媒主要有两种,即无线电波和红外线。无线电波根据调制方式的不同又分为扩展频谱方式和窄带调制方式。

（4）无线个域网

无线个域网（wireless personal area network，WPAN）是为了实现活动半径小、业务类型丰富、面向特定群体以及无缝连接而提出的新型无线通信网络技术。WPAN 与无线广域网、无线城域网、无线局域网并列，但覆盖范围相对较小。WPAN 所覆盖的范围一般半径在 10m 以内，必须运行于许可的无线频段。在网络结构上，WPAN 位于整个网络链的末端，用于实现同一地点终端与终端间的连接，如连接手机和蓝牙耳机等。WPAN 设备具有价格便宜、体积小、易操作和功耗低等优点。

（5）无线自组网

无线自组网是一组由带有无线收发装置的移动终端组成的一个多跳自组织的自治网络系统。它是一种无中心的分布式控制网络，每个用户终端兼具路由器和主机两种功能，这为便携终端实现自由快速的无线通信提供可能。由于无线自组网不依赖任何已有的网络基础设施，终端节点动态随意分布，因此，如何在终端节点移动的情况下保证高质量的数据通信是该领域研究的热点问题之一。

2. 无线传感器网络发展现状

1998 年，Pottie 诠释了无线传感器网络的科学意义，美国国防部投入巨资启动"超视距"战场监控的 SensIT 项目，标志着无线传感器网络的兴起。无线传感器网络最早的代表性论述出现在 1999 年，题为"传感器走向无线时代"。随后在美国的移动计算和网络国际会议上，提出了"无线传感器网络是下一个世纪面临的发展机遇"的论断。由于无线传感器网络具有重要的应用价值，引起了世界许多国家的军事部门、工业界和学术界的极大关注。针对无线传感器网络研究较为深入的是美国、欧洲各国、日本和韩国。

美国自然科学基金委员会于 2003 年制定了传感器网络研究计划，投入了大量资金用于支持相关基础理论的研究，较著名的研究项目有加州大学伯克利分校的 Smart Dust 研究项目，Sun 实验室的 SPOT 项目和麻省理工学院 AMPS 项目等。其中，加州大学伯克利分校提出应用网络连通性重构传感器位置的方法，并研制了一套传感器操作系统——TinyOS；南加州大学 Heide-mann J，Silva F 等提出在生疏环境部署移动传感器的方法、无线传感器网络监视结构及其聚集函数计算方法和节省能源的计算聚集树构造算法等；IrisNet 是 Intel 公司与美国卡耐基-梅隆大学合作开发的技术，其主要思想是利用 XML 语言将分散于全球传感器网络上的数据集中起来,并加以灵活利用;在传感器网络通信协议的研究方面,美国康奈尔大学、南加州大学 Heide-mann J, Silva F 等对无线传感器网络通信协议进行研究,先后提出了基于谈判类协议、定向发布类协议、能源敏感类协议、多路径类协议等新的通信协议;在感知数据查询处理技术研究方面,康奈尔大学对感知数据查询技术进行了研究,研制了一个测试感知数据查询技术性能的 COUGAR 系统;南加州大学 Heide-mann J, Silva F 等研究了无线传感器网络上的聚集函数的计算方法,提出了节省能源的计算聚集的树构造算法,并通过实验证明恶劣无线通信机制对聚集计算的性能有很大影响。

此外,美国军方投入了大量资金对无线传感器相关技术进行研究,比如,将无线传感器网络整合进未来战争中的灵巧传感器网络和沙地直线无线传感器网络,确立了"灵巧传感器网络通信计划""战场环境侦查与监视系统"和"无人值守地面传感器群"等多个项目,利用无线传感器网络了解战场姿态、获取更广阔视野、帮助制定战斗行动方案等。在工商界,美国 Crossbow 公司利用 Smart Dust 项目的成果开发出了 Motc 智能传感器节点,以及用于研究结构二次开发的 Mote Work 开发平台。

英国、加拿大、德国、芬兰和意大利等发达国家的研究机构较早加入了传感器网络的研究。其中德国对无线传感器技术的研究和应用一直都走在欧洲前列,2008 年初的欧洲第一届"无线传感器网络论坛"就在德国首都柏林进行。这里聚集了一批像 Siemens、En Ocean 等具有强大研发能力的世界知名企业,它们致力于此技术的研发和商业化推进。此外,欧盟第 6 个框架计划将"信息社会技术"作为优先发展领域之一,并于 2008 年初正式成立欧洲微纳制造技术平台(MINAM),多处涉及对 WSN 的研究。Philips、Ericsson、ZMD、France Telecom 和 Chipcon 等公司也都在对 WSN 进行研发,力图在相应应用领域为用户提供 WSN 的解决方案。

在亚洲,日本是较早进行无线传感器网络研究的国家之一,日本的企业在相关研究中起到了积极的作用。2004 年,日立制作所与 YRP 泛在网络化研究所宣布开发出全球体积最小的传感器网络终端,该终端可以搭载温度、亮度、红外线和加速度等各种传感器,可应用于大型楼宇和普通家庭的日常安全管理之中。目前,三菱电机成功开发了一种用于传感器网络的小型低功耗无线模块,能够使用特定小功率无线通信构筑对等网络,目标是取代目前利用专线构筑的家用安全网络,通过与红外线传感器配合监测是否有人、与加速度传感器配合检测窗玻璃和家具的振动、与磁传感器配合检测门的开关等功能。

此外,韩国信息通信部制定了信息技术"839"战略,其中"3"是指 IT 产业的三大基础设施,即宽带融合网络、泛在传感器网络和下一代互联网协议。韩国政府将无线传感器网络纳入战略计划中,每年投入大量资金,支持多个实验室和多家公司研发此项技术。

我国对无线传感器网络的研究也十分重视。1999 年,中国科学院在《信息与自动化领域研究报告》中正式提出了对于无线传感器网络进行研究的构想,无线传感器网络是该领域提出的五个重大项目之一。国家自然科学基金委员会在 2003 年、2004 年都设立了无线传感器网络相关研究课题。2004 年 3 月,中国科学院和香港科技大学成立了联合实验室,开展了传感器网络的研究工作,目标是开展涵盖无线传感器网络研究领域从基础层到应用层所有层次的研究。2006 年,国家制定的未来 15 年《中长期科学与技术发展规划纲要》中为信息技术确定了三个前沿方向,其中两个与WSN 的研究直接相关,即智能感知技术和自组织网络技术。之后,在国家自然科学基金、国家 863 计划、国家 973 计划等支持下,国内的研究机构包括中国科学技术大学、清华大学、浙江大学、中国科学院计算所、中国科学院合肥智能所、东北大学等单位积极开展无线传感器网络领域的研究,并取得了重要进展,较早进行无线传感器网络相关研究的机构还包括中国科学院软件所、自动化所,以及国防科学技术大学、哈尔滨工业大学、北京邮电大学、西北工业大学等单位。

清华大学理论计算机科学研究中心以"863"项目"农业生物—环境信息获取与无线传感器网络技术研究"为平台,研究应用无线传感器网络技术实现远程农业信息的获取,取得了丰富的科研成果和应用经验;在"FLOWS"项目中,清华大学和香港大学合作开发出低成本灵活的无线传感器节点和演示系统供学术和实际应用;中国科技大学计算机科学技术系以环境监测、矿山安全和军事侦察等实际系统为研究背景,自主研发了能够支持 IPv6 和通信保密的低功耗传感器节点,相应的基于 IPv6 的无线传感器网络环境监测系统已经投入实际使用;东北大学人工智能与机器人研究所针对大型建筑灾难救援系统效率低、可靠性差等瓶颈性问题,提出了基于无线传感器网络的建筑灾难信息感知系统。该系统可以实时探测灾难蔓延的趋势和被困人员的位置,为救援人员提供了第一手灾难信息并为其做出辅助决策,极大地提高了救援效率。另外,一些国内企业也加入了无线传感器网络的研究中,如宁波中科、深圳天智和成都无线龙等企业一直致力于提供无线传感器网络实用和创新的产品及解决方案。

目前,无线传感器网络研究已经逐渐走出节点软硬件体系设计和分层通信协议开发的初级阶段,进入面向应用的整体解决方案研究的高级阶段,侧重于对无线传感器网络节点群体行为的研究,如无线传感器网络信息处理、数据聚合、网络部署和覆盖等问题的研究。

3.无线传感器网络未来趋势

移动传感器网络是一个集环境感知、动态决策与规划、行为控制与执行等多种功能于一体的综合系统,其具有很强的应用相关性,不同应用需要配置不同的网络模型、软件系统与硬件平台。随着技术的发展,移动传感器网络的应用与研究呈现出节点体积小、成本低、能耗少、通信能力强、可维护性和可扩展性好、稳定性和安全性高等趋势。

(1)成本低。在一个完整的无线传感器网络中,包含成百上千甚至成千上万的传感节点,在不影响网络性能的前提下降低节点成本,是无线传感器网络从实验走向实用的关键。

(2)节点的能耗少。传感节点能量有限,而节点的能量又与网络的寿命紧密联系。目前常见解决方案为使用高能电池,理想的情况是让节点具备自我收集能量的功能,太阳能及其他自动收集能量技术的开发使用将无线传感器网络的传感节点寿命更持久。

(3)安全性能提高。无线传感器网络在实际应用中往往处于环境恶劣、人力不可到达的区域,而且越来越多的应用于军事领域,处于敌方阵地进行探测,难以进行探测,难以进行保护或者维修。因此,在设计网络协议的时候,对保密性提出了更高的要求。针对这一问题,很多科研机构正在进行相关的研究,相信在不远的将来会有所突破,从而使得无线传感器网络获得更多更广泛的应用。

未来的无线传感器网络、移动通信和互联网的融合,使传感器网络信息的传输更加便捷,可以广泛地应用于科学研究与工业生产中,以更高、更快、更准确的方式为人们传输数据和信息,形成一个庞大的物联网络,涉及人类日常生活和社会生产活动的多个领域,从而改变人类的生活和生产方式。

4.无线传感器网络主要应用领域

随着关键技术的深入研究,传感器网络正逐渐深入人类生活的各个领域,如军事、环境监测和预报、健康护理、智能家居、建筑物状态监控、复杂机械监控、城市交通、空间探索、大型车间和仓库管理以及机场、大型工业园区的安全监测等。目前,无线传感器网络的应用主要集中在以下领域。

(1)军事领域

无线传感器网络技术具有密集型、随机分布的特点,适合应用于恶劣的战场环境中,受到军事发达国家的普遍重视。美国国防部已经投入了大量资金支持进行"智能尘埃"传感器技术的研发。

无线传感器网络在军事领域的典型应用有以下几方面。

第一,掌握双方军事情况。通过人员和装备附带各种传感器,以及在敌方阵地部署各种传感器等方式,掌握己方和敌方状态及敌方武器部署等情况,为己方确定进攻目标和进攻路线提供依据。

第二,战场监视。将WSN部署在敌军驻地和可能的进攻路线上,密切监视敌军的行动,争取宝贵时间,并可根据战况迅速调整和部署新的传感器网络。通过飞机或炮弹直接将传感器节点布撒到敌方阵地内部,或者在公共隔离带部署传感器网络,能够在近距离隐蔽并准确地收集战场信息。

第三,战果评估。收集战斗目标被破坏程度和损失的评估数据。

第四,核攻击、生物攻击、化学攻击的监测与侦查。借助无线传感器网络获取核、生化爆炸现场的详细数据,可以及早发现己方阵地上的核、生化污染,提供快速反应时间,从而减少损失。

第五,目标瞄准。可以将WSN综合到智能军事装备的引导系统中,实现目标的精确瞄准。传感器网络可以通过分析采集到的数据,得到准确的目标定位信息,从而为火控和制导系统提供精确指导。

第六,基础设施安全。可用于基础设施安全和反暴。如电厂、通信中心之类的通信建筑和设施的保护,可以在这些重要的建筑和设备周围布置视频网络、声控网络以及对其他WSN节点进行检测,使其免受恐怖分子的袭击。

(2)环境监测领域

随着社会的快速发展,人们对环境问题的关注程度越来越高,需要采集的环境数据也越来越多。无线传感器网络的发展为随机性的环境监测提供便利条件,能够避免传统数据收集方式给环境带来的侵入式破坏,可以广泛应用于监测海洋、大气和土壤成分,对生物的生活状况进行监测,以及行星探测、气象和地理监测、洪水监测等。

无线传感器网络在环境监测领域的典型应用有以下几个方面。

第一,环境及栖息地的监视。通过在预定区域布置传感器节点,采集监测区域内的相关数据。此种方式克服了采集生态环境数据时对敏感野生动物及其栖息地监测的困难,大大减少了生态环境研究人员的工作量,使无入侵式和无破坏式生态环境监测工作方式成为可能,使无线传感器网络在生态环境检测方面的应用具有很大优势。

第二,洪灾监测及预警。通过在水坝、山区中关键地点合理布置一些水压、土壤湿度等传感器,可以在洪灾到来之前发布预警信息,从而及时排除险情、减少损失。

第三,农田管理。在精细农业中,通过在农田中部署一定密度的空气湿度、土壤湿度、土壤肥料含量、光照强度、风速等传感器,可以更好地对农田管理进行微观调控,促进农作物生长。

第四,森林火灾探测。传感器节点有计划地、密集地布置在森林中,可以在火势蔓延至无法控制之前将准确的火源信息传输给终端用户。

(3)医疗领域

无线传感器网络在医疗系统和健康护理方面的应用包括监测人体的各种生理数据、跟踪和监控医院内的医生和患者的行动、医院的药物管理、病人综合监测等。为了及时了解病人的身体健康状况,可以在病人身上安装特殊用途的传感器节点,对病人的脉搏、血压等健康指标进行实时监测,使得医生可以随时了解被监护病人的生理指标,从而迅速获取病人的异常状况,使医生做出诊断,提出正确的治疗方法。

医院还可以利用无线传感器网络长时间地连续地监视收集病人的生理指标数据,获得详细的第一手资料,对了解人体活动机理和研制新药品具有重要的意义,在药物管理方面也有独特的应用。

(4)智能家居领域

在家电和家具中嵌入传感器节点,通过无线网络与 Internet 连接在一起,将为人们提供更加舒适、方便和更具人性化的智能家居环境。利用远程监控系统可以完成对家电的远程遥控。通过布置于房间内的湿度、温度、光照、空气成分等无线传感器,感知居室不同部分的环境状况,从而对空调、门窗以及其他家电进行自动控制,为人们提供舒适的居住环境。

(5)智能交通领域

当今世界各国大城市都存在不同程度的交通拥堵现象。由于交通堵塞,人们每天上下班消耗在路上的时间比平时平均多了 1.5h。同时导致商业车辆在交通运输中延误,增加了运输成本。然而有限的土地和经济制约等使道路建设不可能达到相对满意的里程数,需要在不扩张路网规模的前提下,提高交通网的通行能力。这就需要综合运用现代信息与通信技术等手段来提高交通运输的效率。

智能交通系统(ITS)作为一种实时、高效、准确的新型交通运输系统,目前在欧美等发达国家得到广泛应用。智能交通系统在应用方面的优势主要体现在交通信息采集、交通控制和诱导等方面。2004 年,密歇根科技大学的 Sawant 等提出了将无线传感器网络用于智能交通,并对节点间组网及信息交互进行了仿真和实验;Xing 等提出了基于无线传感器网络的高速公路安全预警新办法,旨在实现"零伤亡,零延迟"的目标。无线传感器网络技术在智能交通的诸多方面都有着广泛的应用前景,如交通数据采集、交通信息发布、电子收费、智能交通信号控制、停车管理、综合信息服务平台、智能公交与轨道交通、交通诱导系统和综合信息平台技术等。

(6)其他领域

无线传感器网络可以广泛应用于建筑物环境控制、智能办公室、汽车安全监测与监视、仓库管理、车辆跟踪与检测、工业自动化生产线监测和控制等领域。例如在工业生产中,英特尔公司建立了一个应用于工厂环境的无线网络系统,该网络由 40 台机器上的 210 个传感器组成,通过监控系统可以大大改善工厂监控设备的运行条件,大幅降低检查设备的成本。由于可以提前发现问题,缩短停机检查时间,因此系统能够有效地提高工作效率,并延长设备的使用寿命。

针对一些危险的工业环境,如矿井、核电厂等,工作人员可以通过无线传感器网络实施安全监测,也可以用于道路实时信息的多传感器采集、信息分析融合和动态模拟,改变行人与交通系统的交互模式,提高交通设施运行效率。

【问题与思考】

1. 常用的三类智能通信网络是什么?

2. Internet 的两种中文译名因特网和互联网的定义是什么?两者的不同在哪里?

3. 智能通信网络中的网络层提供的两种服务是什么?

4. 请叙述 IP 地址的五大分类是什么?每一个分类各自的 IP 段和适应范围是怎样的?

5. IP 地址具有哪些重要特点?

6. 无线传感器网络由哪几部分构成?

7. 无线传感器网络的基本特点是什么?

8. 无线传感器网络的关键技术是什么?

9. 请叙述无线传感器网络应用的至少五种领域。

第六章　大数据挖掘技术及其创新应用

【学习目标】

1. 掌握大数据挖掘的基本概述。

2. 了解大数据存储和大数据应用的具体分类。

3. 了解数据挖掘的具体内容和相关关系图。

4. 学习数据挖掘的具体应用领域。

5. 了解大数据挖掘的具体工具和过程。

6. 具体案例：数据挖掘在工业物流设备故障诊断中的应用。

7. 基本具备大数据挖掘技术的创新思维。

【案例导入】

　　全球零售业巨头沃尔玛在对消费者购物行为分析时发现，男性顾客在购买婴儿尿片时，常常会顺便搭配几瓶啤酒来犒劳自己，于是尝试推出了将啤酒和尿布摆在一起的促销手段。没想到这个举措居然使尿布和啤酒的销量都大幅增加了。如今，"啤酒＋尿布"的数据分析成果早已成了大数据技术应用的经典案例，被人津津乐道。"啤酒与尿布"的故事是营销界的神话，"啤酒"和"尿布"两个看上去没有关系的商品摆放在一起进行销售、并获得了很好的销售收益，这种现象就是卖场中商品之间的关联性，研究"啤酒与尿布"关联的方法就是购物篮分析，购物篮分析曾经是沃尔玛秘而不宣的独门武器，购物篮分析可以帮助我们在门店的销售过程中找到具有关联关系的商品，并以此获得销售收益的增长！

　　商品相关性分析是购物篮分析中最重要的部分，购物篮分析英文名为market basket analysis。在数据分析行业，将购物篮的商品相关性分析称为"数据挖掘算法之王"，可见购物篮商品相关性算法吸引人的地方，这也正是该行业乐此不疲的围绕着购物篮分析进行着研究和探索的根本原因。

　　购物篮分析的算法很多，比较常用的有 A prior 算法、FP-tree 结构和相应的 FP-growth 算法等等，目前购物篮分析的计算方法都很成熟，在进入 20 世纪 90 年代后，很多分析软件均将一些成熟的购物篮分析算法打包在自己的软件产品中，成了软件产品的组成部分，客户购买了这些软件产品后就等于有了购物篮分析的工具,比如我们正在使用的 Clementine。

(案例来源:《MATLAB 数据与统计机器学习》)

第一节 大数据挖掘的基本概述

一、大数据与数据挖掘

大数据又称海量数据,指的是以不同形式存在于数据库、网络等媒介上蕴含丰富信息的规模巨大的数据。大数据的基本特征有以下"4V"。

Volume:数据体量巨大,可以是 TB 级别,也可以是 PB 级别。

Variety:数据类型繁多,如网络日志、视频、图片、地理位置信息等。物联网、云计算、移动互联网、车联网、手机、平板电脑、PC 以及遍布地球各个角落的各种各样的传感器,无一不是数据来源或者承载的方式。

Value:价值密度低。以视频为例,连续不间断监控过程中,可能有用的数据仅仅有一两秒。

Velocity:处理速度快,这一点与传统的数据挖掘技术有着本质的不同。

大数据的价值,有时可通过简单的信息检索或统计分析得到。但很多情况下,需要通过更复杂的方法去获取数据中隐含的模式和规则,以利用这些规则或模式去指导和预测未来。就像电影《超能查派》中的那个机器人一样,通过向数据进行学习,几天之内就学会了超能的技能,而这些技能就是大数据中蕴藏的。

大数据的价值不会随着它的使用而减少,而是可以不断地被处理。大数据的价值并不仅仅限于特定的用途,它可以为了同一目的而被多次使用,亦可用于其他目的。最终,大数据的价值是其所有可能用途的总和。

大数据的存储,主要涉及硬件、数据库、数据仓库等技术。

大数据的应用,涉及的不仅是各层面的技术,还有商业目的、业务逻辑等内容,相对来说比较复杂。

在大数据的应用这个分支里,数据挖掘尤为重要。因为数据管理相对基础、常规,统计分析也比较常规,能够解决一些浅层次的数据分析问题;并行计算和分布式计算主要解决数据处理的量和速度问题,是锦上添花的技术;数据挖掘则针对一些复杂的大数据应用问题。同时,数据挖掘基本也包含了数据管理、统计分析,也可利用到并行计算和分布式计算。两者的关系如图 6-1 所示：

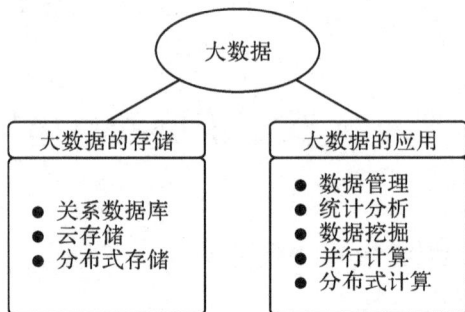

图 6-1　大数据存储和大数据应用关系图

挖掘数据的前提是有数据，包括数据的储藏量、储藏深度、数据的成色（质量）；之后是数据挖掘，要把这些埋藏在数据中的信息挖掘出来；再之后是将数据挖掘的结果发布出去，用于指导商业实践。

二、数据挖掘的概念和原理

数据挖掘，就是从大量的、不完全的、有噪声的、模糊的、随机的实际应用数据中，提取隐含在其中的、人们事先不知道的、但又是潜在有用的信息和知识的过程。数据挖掘在数据由数据库转化为知识的过程中，所处的位置如下图 6-2 所示。

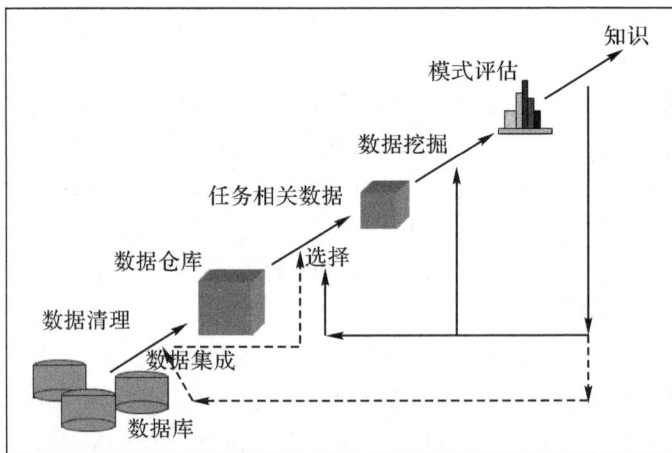

图 6-2　数据挖掘的位置图

数据挖掘的核心是利用算法对处理好的输入和输出数据进行训练,并得到模型,然后再对模型进行验证,使得模型能够在一定程度上刻画出数据由输入到输出的关系,然后再利用该模型,对新输入的数据进行计算,从而得到新的输出,这个输出然后就可以进行解释和应用了。所以这种模型虽然不容易解释或很难看到,但它是基于大量数据训练并经过验证的,因此能够反映输入数据和输出数据之间的大致关系,这种关系(模型)就是我们需要的知识。数据挖掘与其他相关类型数据集成关系如下图6-3所示:

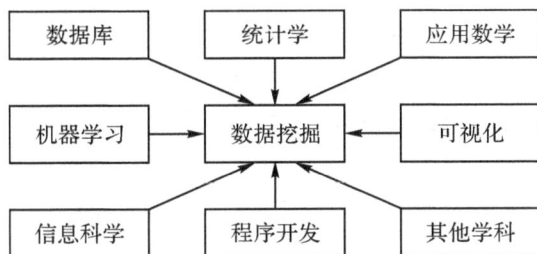

图 6-3　数据挖掘与其他相关数据集成关系图

三、数据挖掘的内容

1. 关联

啤酒和尿布的关系(如下图6-4所示)是典型的关联关系,是通过对交易信息进行关联挖掘而得到的。数据关联是数据库中存在的一类重要的可被发现的知识。若两个或多个变量的取值之间存在某种规律性,就称为关联。

图 6-4　啤酒和尿布关联图

具体事物之间的关联关系,需要用到具体的关联技术,也就是通常说的算法。常用的关联算法如下图6-5所示,这些算法将在后面的相应章节具体介绍。

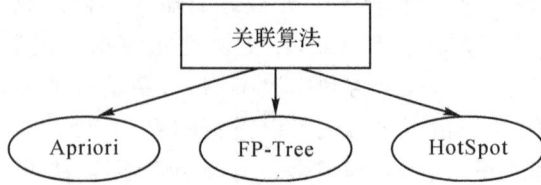

图 6-5　关联算法关系图

2.回归

回归是确定两种或两种以上变数间相互定量关系的一种统计分析方法。比如要研究某地区钢材消费量与国民收入的关系,那么就可以直接用这两个变量的数据进行回归,然后看看它们之间的关系是否符合某种形式的回归关系,如下图 6-6 所示。

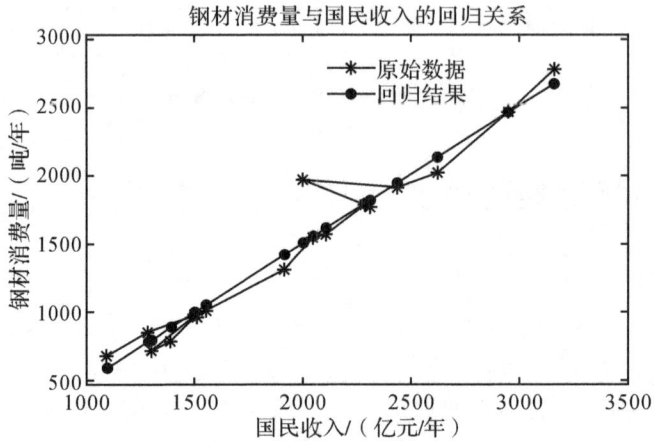

图 6-6　回归变量关系图

各类回归方法的关系如下图 6-7 所示。

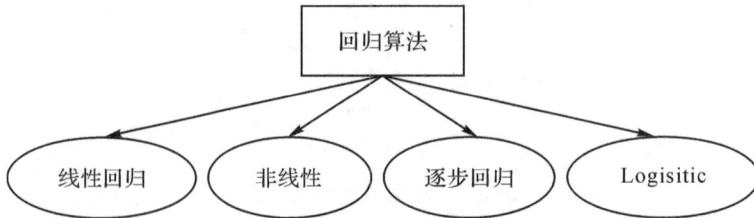

图 6-7　各类回归方法关系图

3. 分类

分类是一个常见的问题,在我们的日常生活中就会经常遇到分类的问题,比如垃圾分类,如下图 6-8 所示。在数据挖掘中,分类也是最为常见的问题,其典型的应用就是根据事物在数据层面表现的特征,对事物进行科学的分类。

图 6-8　垃圾分类关系图

经典分类方法主要包括:决策树方法(经典的决策树算法主要包括 ID3 算法、C4.5 算法和 CART 算法等)、神经网络方法、贝叶斯分类、K-近邻算法、判别分析、支持向量机等,如下图 6-9 所示。

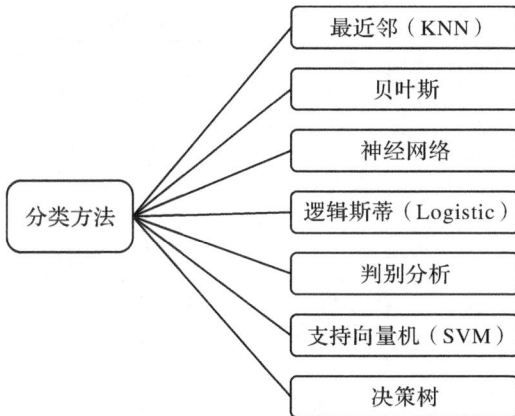

图 6-9　经典分类方法图

4. 聚类

聚类分析是根据"物以类聚"的道理,对样品进行分类的一种多元统计分析方法,它们讨论的对象是大量的样品,要求能合理地按各自的特性来进行合理的分类,没有任何模式可供参考或依循,即在没有先验知识的情况下进行的。聚类是看样品大致分成几类,然后再对样品进行分类,也就是说,聚类是为了更合理地分类。如下图 6-10 所示,通过聚类可发现这些点大致分成 3 类,那么对于新的数据,就可以按照 3 类的标准进行归类。

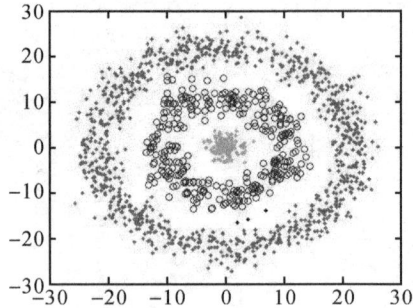

图 6-10　聚类分类图

根据聚类原理,可将聚类算法分为:划分聚类、层次聚类、基于密度的聚类、基于网格的聚类和基于模型的聚类。虽然聚类的方法很多,在实践中比较常用的只有几种,如下图 6-11 所示。

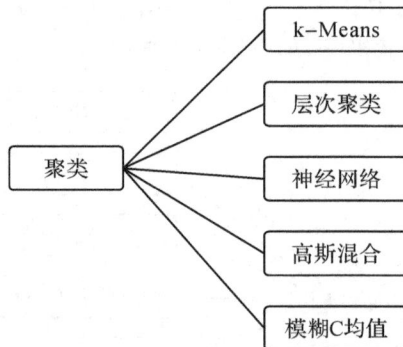

图 6-11　聚类算法分类图

5. 预测

预测是预计未来事件的一门科学,它包含采集历史数据并用某种数学模型来预测未来,它也可以是对未来的主观或直觉的预期,还可以是上述的综合。在数据挖掘中,预计是基于既有的数据进行的,即以现有的数据为基础,对未来的数据进行预测,如下图 6-12 所示。

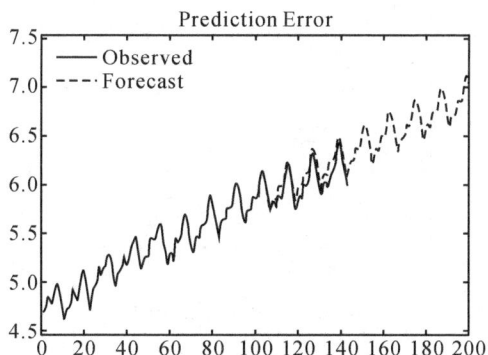

图 6-12 数据预测图

预测方法有许多,可以分为定性预测方法和定量预测方法,如下图6-13所示。从数据挖掘角度,我们用的是方法显然是属于定量预测方法。

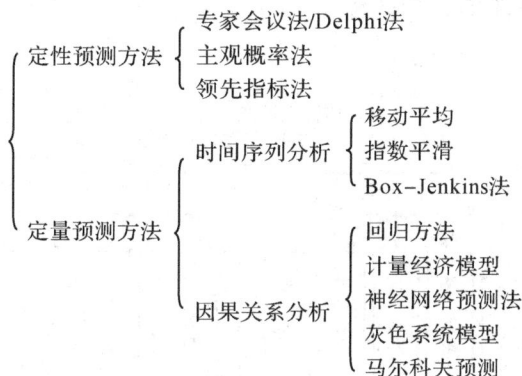

图 6-13 预测分类方法图

6.诊断

在数据挖掘中,诊断的对象是离群点或称为孤立点。离群点是不符合一般数据模型的点,它们与数据的其他部分不同或不一致,如下图 6-14 中的 Cluster3,只有一个点,可以认为是这群数据的离群点。

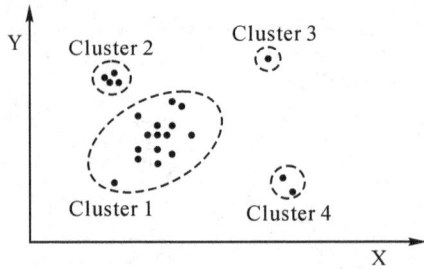

图 6-14　诊断离群点归类图

许多数据挖掘算法试图使离群点的影响最小化或排除它们。但是一个人的"噪音"可能是另一个人的信号,这可能导致重要的隐藏信息丢失。换句话说,离群点本身可能是非常重要的,例如在欺诈探测中,离群点可能预示着欺诈行为。这样,离群点探测和分析是一个有趣的数据挖掘任务,被称为离群点挖掘或离群点诊断,简称诊断。离群点诊断算法的分类如下图 6-15 所示。

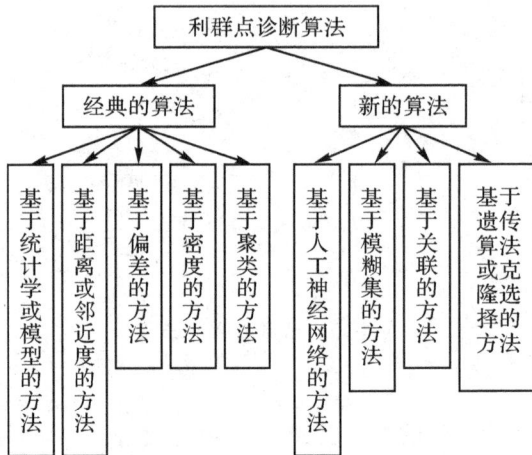

图 6-15　离群点诊断算法分类图

四、数据挖掘的应用领域

1.零售业

零售企业可以广泛收集各渠道、各类型的数据,利用数据挖掘技术整合各类信息、还原客户的真实面貌,可以帮助企业切实掌握客户的真实需求,并根据客户需求快速做出应对,实现"精准营销"和"个性化服务"。

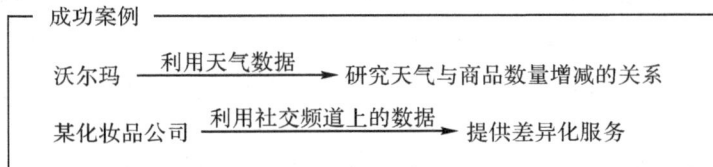

图 6-16 零售业大数据应用案例图

零售企业也可利用数据挖掘监控客户的店内走动情况以及与商品的互动。它们将这些数据与交易记录相结合来展开分析,从而在销售哪些商品、如何摆放货品以及何时调整售价上给出意见,此类方法已经帮助某领先零售企业减少了 17% 的存货,同时在保持市场份额的前提下,增加了高利润率自有品牌商品的比例。

2.银行业

银行信息化的迅速发展,产生了大量的业务数据。从海量数据中提取出有价值的信息,为银行的商业决策服务,是数据挖掘的重要应用领域。

(1)重要应用 1:风险管理

通过构建信用评级模型,评估贷款申请人或信用卡申请人的风险;通过建立信用欺诈模型,帮助银行发现具有潜在欺诈性的事件,开展欺诈侦查分析,预防和控制资金非法流失。

数据挖掘在风险管理中的一个优势是可以获得传统渠道很难收集的信息。

(2)重要应用 2:客户管理

在获取客户阶段,可以通过数据挖掘方法找到新的可盈利目标客户。

在保留客户阶段,通过数据挖掘,发现流失客户的特征后,可以在具有相似特征的客户未流失之前,采取额外增值服务、特殊待遇和激励忠诚度等措施保留客户。

另外,银行还可以借助数据挖掘技术优化客户服务。

3.证券业

证券行业用到大数据的地方特别多,可以说是紧密结合了大数据技术进行产业融合,如下图 6-17 所示。

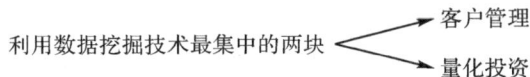

图 6-17 数据挖掘在证券业的应用

在交易方面,数据挖掘技术使得量化投资成为现实。例如,投资者对某个事件以及对公司相关报道的观点是什么,都会通过其在互联网上的行为产生新一轮的用户行为数据,在最短的时间内利用算法,得到市场情绪或新闻事件对市场的影响程度,进而挖掘市场景气度、情绪度以及事件热点等指标,为大数据投资生成决策。

国内外的研究结果表明,利用大数据进行投资的收益要好于市场平均。美国印第安纳大学近年的一项研究成果更表明,从 Twitter 信息中表现出来的情绪指数与道琼斯工业指数的走势之间相关性高达 87%。牛津大学期刊发表的一篇文章表明,通过搜索分析投资者在网络发帖和评论中表现出来的观点,能够很好地反映多种态度,同样也能够有效地预测未来股市的收益。

4. 能源业

从海量看似静态的数据中,搜集并分析提取出动态多样的规律性的有价值信息,是大数据技术带给能源行业的福利。主要应用方面如下图 6-18 所示:

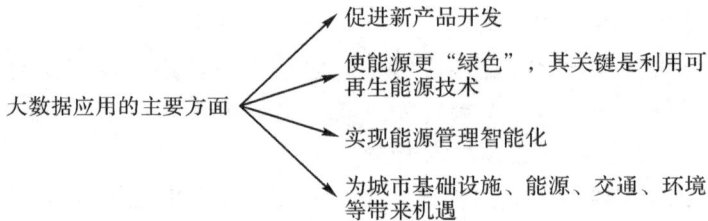

图 6-18　数据挖掘在能源业中的应用

以电力行业为例,电力大数据涉及发电、输电、变电、配电、用电、调度各环节,对电力大数据进行挖掘需要跨单位、跨专业、跨业务。近几年,随着电力企业各类 IT 系统对业务流程的基本覆盖,采集到的数据量迅速增长。而今,围绕数据采用相应的定量和统计信息,挖掘更加有价值的信息,已经逐渐超越数据的收集和存储,成为电力大数据面临的首要问题。

除了电力领域,在石油、新能源方面,大数据应用也越来越广泛。

5. 医疗行业

医疗行业早就遇到了海量数据和非结构化数据的挑战,而近年来很多国家都在积极推进医疗信息化发展,这使得很多医疗机构有资金来做大数据分析。具体应用如下图 6-19 所示。

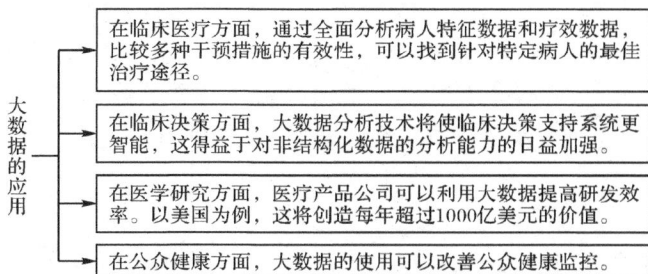

图 6-19 大数据挖掘在医疗行业的应用

6. 通信行业

数据的快速发展加速了通信行业的转型,给这个行业注入了新鲜的血液,主要体现在以下三个方面:

(1)提高运营商的网络服务质量

互联网技术在不断发展,基于网络的信令数据也在不断增长,这给运营商带来了巨大的挑战,只有不断提高网络服务质量,才有可能满足客户的存储需求。

(2)提高运营商对客户情况的掌控能力

通过使用大数据分析、数据挖掘等工具和方法,电信运营商能够整合来自市场部门、销售部门、服务部门的数据,从各种不同的角度全面了解自己的客户,对客户形象进行精准刻画,以寻找目标客户,制定有针对性的营销计划、产品组合或商业决策,提升客户价值。

(3)改变了运营商的盈利结构

在过去,运营商主要的盈利均来源于附加值比较低的话务服务,随着大数据时代的来临,数据量和数据产生的方式发生了重大的变革,运营商掌握的信息更加全面和丰满,这无疑为运营商带来了新的商机。

7. 汽车行业

互联网、移动互联技术的快速普及,正在诸多方面改变着人们的车辆购置和使用习惯,使传统的汽车数据收集、分析和利用方式发生重大转变,必将推动汽车产业全产业链的变革,为企业带来新的利润增长点和竞争优势。具体三方面应用如下图 6-20 所示:

图 7-20 大数据挖掘在汽车行业的应用

在汽车的衍生业务方面,数据挖掘也有很大的利用空间。比如,通过对驾驶者总行驶里程、日行驶时间等数据,以及急刹车次数、急加速次数等驾驶行为在云端的分析,有效地帮助保险公司全面了解驾驶者的驾驶习惯和驾驶行为,有利于保险公司发展优质客户,提供不同类型的保险产品。

(八)公共事业

对于政府部门来说,大数据将提升电子政务和政府社会治理的效率。大数据的包容性将打开政府各部门间、政府与市民间的边界,信息孤岛现象大幅削减,数据共享成为可能,政府各机构协同办公效率和为民办事效率提高,同时大数据将极大地提升政府社会治理能力和公共服务能力。

利用大数据整合信息,将工商、国税、地税、质监等部门所收集的企业基础信息进行共享和比对,通过分析,可以发现监管漏洞,提高执法水平,达到促进财税增收、提高市场监管水平的目的。建设大数据中心,加强政务数据的获取、组织、分析、决策,通过云计算技术实现大数据对政务信息资源的统一管理,依据法律法规和各部门的需求进行政务资源的开发和利用,可以提高设备资源利用率、避免重复建设、降低维护成本。

大数据也将进一步提高决策的效率,提高政府决策的科学性和精准性,提高政府预测预警能力以及应急响应能力,节约决策的成本。

五、大数据挖掘的要点

要做好大数据的挖掘,除了掌握一般的数据挖掘方法,还要把握以下几个大数据挖掘的要点。

1.大数据思维

大数据思维的核心是要具有利用数据的意识,无论量小还是量大。当我们处理的业务中涉及数据,尤其是有大量数据时,我们要想到是否可以利用这些数据处理碰到的新问题,这就是大数据思维。

2.大数据的收集与集成

大数据挖掘在收集数据方面的要点就是理清与挖掘目标可能有关联的数据,然后将这些关联数据收集起来。而集成数据就是将收集的数据统一管理起来,将分散的数据更趋于集中管理,集成的程度越高,对后续的挖掘越有利。

3.大数据的降维

大数据的一个特点是量可能很大,这样就可能超过计算机的处理能力,所以在对数据进行处理后,通常要考虑将数据进行降维,从而缩减数据量。

4.大数据的分布式与并行处理

并行计算是指同时使用多种计算资源解决计算问题的过程。分布式计算研究如何把一个需要非常巨大的计算能力才能解决的问题分成许多小的部分,然后把这些部分分配给许多计算机进行处理,最后把这些计算结果综合起来得到最终的结果。

第二节　数据挖掘的过程及工具

一、数据挖掘过程概述

对于商业项目,业界普遍采用 CRISP-DM(Cross-Industry Standard Process for Data Mining)过程,所谓的"跨行业数据挖掘过程标准",或者在其基础上改进的过程。CRISP-DM 模型为一个 KDD 工程提供了一个完整的过程描述。一个数据挖掘项目的生命周期包含六个阶段:业务理解、数据理解、数据准备、建模、评估、部署。

从便于理解和操作的角度,本节所介绍的数据挖掘过程为:挖掘目标的定义;数据的准备;数据的探索;模型的建立;模型的评估;模型的部署。

它们之间的关系如下图 6-21 所示。

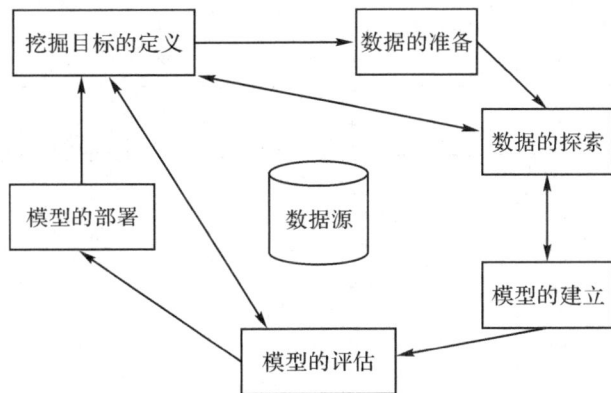

图 6-21　数据挖掘过程关系图

二、挖掘目标的定义

要确定数据挖掘目标,就必须要了解数据和相关的业务。从数据挖掘的角度,所需要了解的业务问题至少包含以下三个方面:有关需要解决问题的明确定义;对有关数据的了解;数据挖掘结果对业务作用效力的预测。

当对业务和数据有了一定的了解之后,就可以很容易地定义挖掘的目标了,一般可以从以下两个方面定义数据挖掘的目标:数据挖掘需要解决的问题;数据挖掘完成后达到的效果,最好给出关键的评估参数及数值,比如数据挖掘结果在 3 个月内使得整体收益提高 5 个百分点。

三、数据的准备

数据的准备包括以下三个环节:

1. 数据的选择

选择数据就是从数据源中搜索所有与业务对象有关的内部和外部数据信息,并从中选择出适用于数据挖掘应用的数据。

2. 数据的质量分析

数据质量分析的目的是评估数据质量,同时为随后的数据预处理提供参考。

3. 数据的预处理

根据数据质量的不同,数据预处理所用的技术也会有所不同,但通常会包括数据清洗、数据集成、数据归约和数据变换四个步骤,这四个步骤的作用效果如下图 6-22 所示。

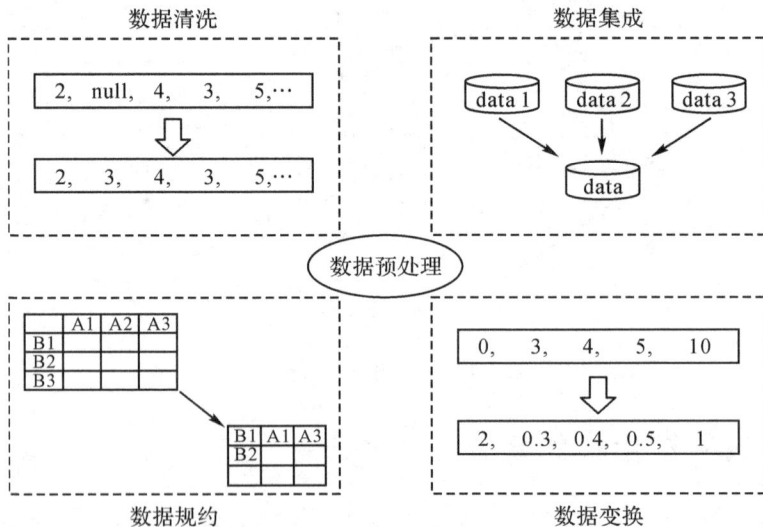

图 6-22　数据预处理四步骤关系图

四、数据的探索

探索数据是对数据进行初步研究,以便更好地了解数据的特征,为建模的变量选择和算法选择提供依据。下面从几个大的方向上来了解数据探索的方法:

1. 描述统计

描述统计包括均值、频率、众数、百分位数、中位数、极差、方差和百分位数等,一般来说描述统计均可以用来探索数据结构,它们均用于探索数据的不同属性。

2. 数据的可视化

数据可视化就是将数据的总体特点以图形的方式呈现,用以发现其中的模式。图形简明易懂,这个在数据探索中起到很重要的作用,比如常用的频次图(见下图)、散点图、箱体图等。

3. 数据探索的建模活动

一切可以用于建模的统计方法或计量模型均可以用于数据探索,具体如下图 6-23 所示。

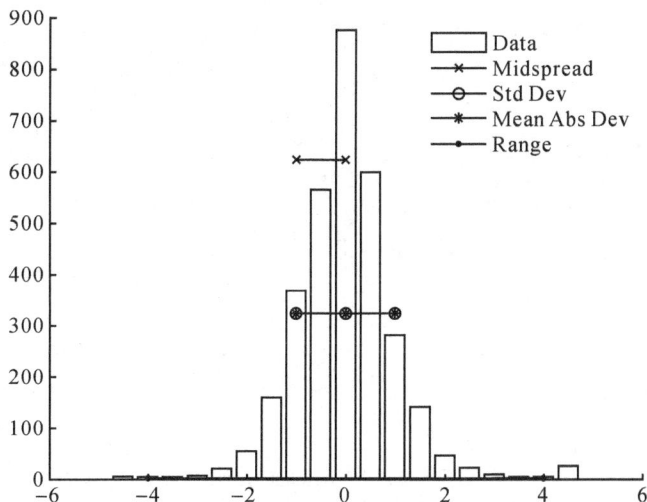

图 6-23 建模数据探索图

五、模型的建立

模型的建立是数据挖掘的核心,模型建立的操作流程如下图 6-24 所示。

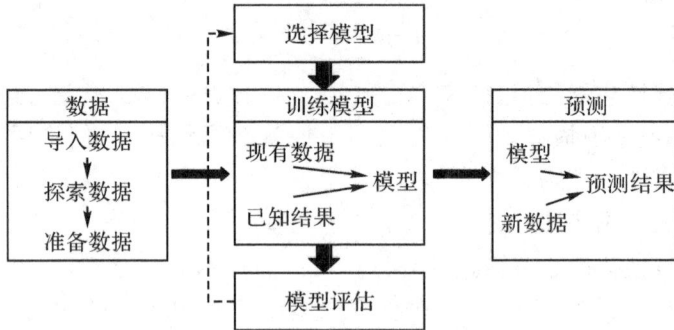

图 6-24　模型建立操作流程图

数据挖掘过程中,常用的模型结构如下图 6-25 所示,根据这一结构,可以很清晰地知道模型建立过程中可供选择的模型。

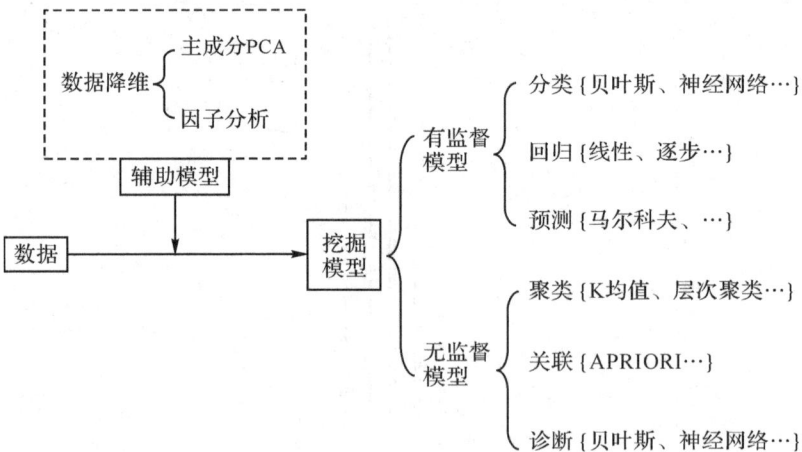

图 6-25　模型结构分类图

六、模型的评估

评估数据挖掘模型优劣的指标有许多,比如精确度(如下图 6-26 所示）、LIFT、ROC、Gain 图等。在对模型进行评估时,既要参照评估标准,同时也要考虑到商业目标和商业成功的标准。

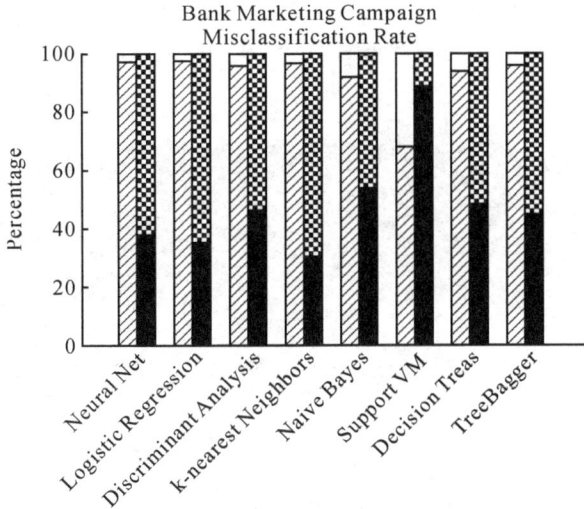

图 6-26　模型评估精准度比较图

在量化投资领域,模型的评估尤为重要,往往先要用历史数据对模型进行回测（如下图 6-27 所示）,然后还需要试用模型一段时间,这样既能保证稳定收益,同时又能保证只有最大回撤比较小的模型,才能投入运营。

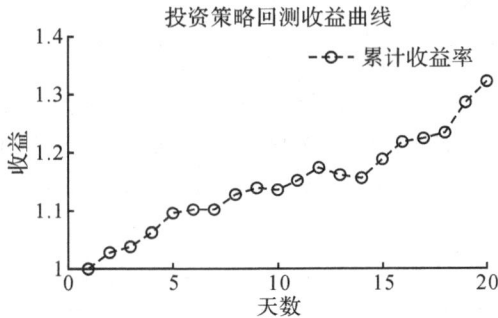

图 6-27　模型回测图

七、模型的部署

模型的部署就是将通过验证的评估的模型,部署到实际的业务系统中。模型建立并经验证后,有两种主要的使用方法。一种是提供给分析人员做参考,由分析人员通过查看和分析这个模型后提出行动方案建议;另一种是把此模型开发并部署到实际的业务系统中,如下图 6-28 所示,如果是以 MATLAB 为工具开发的模型,那么可以将这些模型部署到 C++、Java、NET 等语言开发的系统中去,也可以直接开发成 MATLAB 的应用程序去使用。

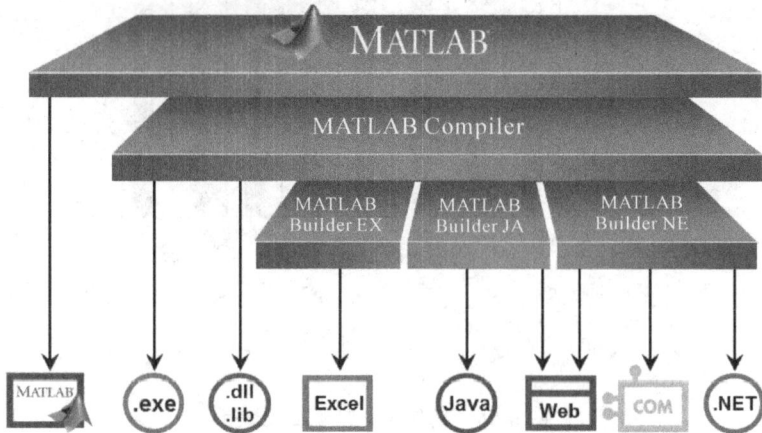

图 6-28　模型部署图

八、工具的比较与选择

下表比较了 5 种数据挖掘工具。本书将选择 MATLAB 作为主要的数据挖掘实现工具。原因有:数据挖掘的主要内容是各种各样的模型和算法,而 MATLAB 特别适合于高效自主的算法开发;MATLAB 具有丰富的科学计算功能;三是 MATLAB 本身就是程序开发工具,具有 GUI 界面开发功能。

表 6-1　各种数据挖掘工具比较图

名称	功能	特点	适应情况
MATLAB	不仅具有较强的数据统计、科学计算功能,还具有众多的行业应用工具箱,包括金融、经济等工具箱	(1)擅长矩阵计算和仿真模拟 (2)具有丰富的数学函数,适合算法开发或自主的程序开发 (3)具有强大的绘图功能	适合于学习算法、算法研究、产品研发和灵活产品的开发

续 表

名称	功能	特点	适应情况
SAS	功能极强大的统计分析软件	(1)具有较强的大数据处理能力 (2)支持二次开发	有一些行业标准,适合工业使用
SPSS	侧重统计分析	SPSS 使用方便,但不适合自己开发代码,就是说扩展上受限,如果要求不高,已是足够了	界面友好,使用简单,但是功能很强大,也可以编程,能解决绝大部分统计学问题,适合初学者
Weka	具有丰富的数据挖掘函数,包括分类、聚类、关联分析等主流算法	Java 开发的开源数据分析、机器学习工具	适合于具有一定程序开发经验的工程师,尤其适合于用 Java 进行二次开发
R	类似 MATLAB,具有丰富的数学和统计分析函数	R 是开源的,支持二次开发	适合于算法学习、产品研发、小项目的开发

第三节 数据挖掘在工业物流设备故障诊断中的应用

现代能源、电力、化工、冶金、机械、物流等工业呈现向大型化、复杂化方向发展的趋势,这些大型复杂工业过程的一个共同点就是一方面无法完全依靠传统方法建立精确的物理模型进行管理监控,另一方面又时刻产生大量反映过程运行机理和运行状态的数据。基于实际限制、成本优化、技术等原因的考量,如何利用这些海量数据来满足日益提高的系统可靠性要求已经成为亟待解决的问题,其中基于大数据挖掘技术的故障诊断技术是一个重要方面。本节将通过具体案例,介绍如何借助大数据挖掘技术,利用工业物流设备监控所产生的大量数据对设备进行故障诊断及其相关预警,保证物流设备能够安全稳定地运行。这个案例是针对工业物流设备的,但其实很多对设备安全要求比较高的行业都可以借鉴,比如航天、汽车、电力、煤炭、机械等。

一、什么是故障诊断

1. 故障诊断的概念

故障诊断，又称之为故障分析，是指为了确定故障原因以及如何防止其再次发生而收集和分析数据情况的过程。故障诊断是保证工业生产安全，提高物流设备利用率的重要手段，几乎所有行业都会采用故障诊断。在故障诊断的过程中，需要采用各种各样的方法和手段收集故障部分的数据和信息，以便用于故障原因的诊断，也许是一种或者多种故障问题。

2. 故障诊断的方法

故障诊断领域的方法大致可划分为 3 类：基于分析模型的方法、基于定性经验知识的方法和基于数据挖掘的方法，如下图 6-29 所示：

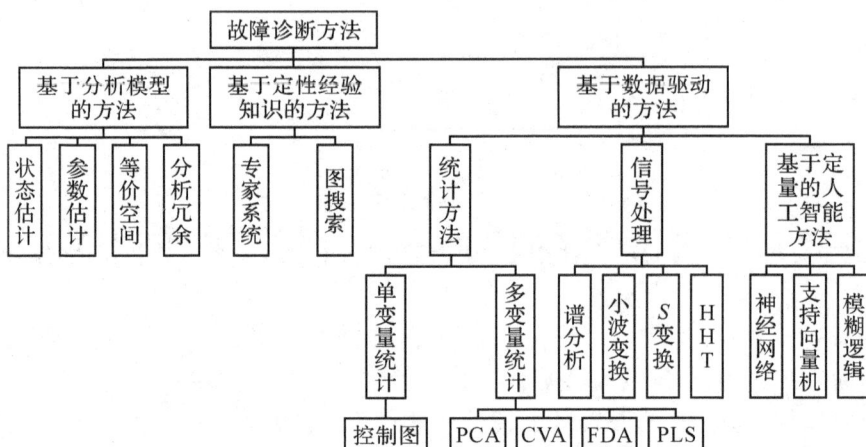

图 6-29　故障诊断方法

基于分析模型的方法是适用于能建模、有足够传感器的"信息充足"的系统，需要过程较精确的定量数学模型，而要建立过程的数学模型则必须了解过程的机理结构。参数估计法、状态估计法、分析冗余法等都是典型的基于分析的模型方法，其理想状态是能够获得精确的模型。但在实际过程中存在"未建模状态"，也就是说模型不够精确，虽然使得模型的鲁棒性较好，但同时也容忍了故障的发生，增加了确定故障发生类型的难度。

基于定性经验知识的方法适用于不能或者不易建立机理模型、传感器数不充分的"信息缺乏"的系统里，包括符号有向图、专家系统等。基于分析模型的方法和基于定性经验知识的方法更适用于具有较少输入、输出或状态变量的系统,对于海量数据的系统则使用成本太高。

在当今的大型系统中,一方面,基于分析模型的方法不可能获得复杂机理模型的每个细节,另一方面,基于定性经验知识的监控方法需要很多复杂高深的专业知识以及长期经验积累,这超出了一般工程师所掌握的范畴,从而变得不易操作。目前,多数企业每天都产生和存储较多运行、设备和过程的数据,这些数据分为正常条件下和在特定故障条件下收集的数据,包含着过程中各方面的信息。如何利用这些数据,实现基于数据挖掘的生产过程和设备的故障诊断、优化配置和评价是一个值得研究的问题。

值得注意的是,这三类方法并不是互相孤立的,而是有相互的关系。基于数据挖掘的方法,可以说是建立在其他两类方法基础上的一种自动化诊断方法,因为在业务层面需要从这两类方法上汲取经验和知识,以设计变量。

3.数据挖掘技术的故障诊断原理

采用数据挖掘技术对设备进行一系列的故障诊断,其原理是根据设备的运行记录、监控数据,对其运行的趋势进行预测,并对其可能存在的运行状态进行分类,故障诊断的实质就是一种模式识别,对机器设备的故障进行诊断的过程也就是该模式的匹配,具体体现形式就是数据的分类。

对工业物流设备的故障诊断来说,首先就应当获取一些关于本机组的运行参数,既要包括机器在正常运行以及平稳工作时的信息数据,也应当包括机器在出现故障时的一些信息数据,在现场的监控系统中往往就会存在着相应的正常工作状态以及出现故障时的不同运行参数,而数据挖掘的任务就是从这些杂乱无章的信息样本库中找出其中所隐藏的内在规律,并且从中提取各自故障的不同特征。在对故障模式进行划分的时候,通常可以借助概率统计的方法,在对故障模式进行识别时候采用较为成熟的关联规则理论,实现变量之间的关联关系,并最终得到分类所需要用到的一些规则,从而最终达到分类的目的。依据这些规则,就可以对一些新来的数据进行判断,而且可以准确地对故障进行分类,找出故障所产生的原因和解决故障的正确方法,并可以对其他正常的设备进行故障预警。

二、DM 工业物流设备故障诊断实例

这个案例中所用的概念、代码和数据参考自 SHMTools,这个工具是用 MATLAB 开发的设备故障诊断工具,由 LosAlamos National Laboratory 提供。

案例介绍的是对设备的监控数据进行探索和挖掘,从而建立设备故障诊断的模型,并根据该模型对设备是否有故障进行诊断。

1. 加载数据

案例中的数据,是关于 170 个设备样本的监控数据,每个设备有 5 个监测位(频道),每个位置都有一段时间的某个指标的测量数据。在 MAT-LAB 中,加载数据后,可以查到这些数据的概况。

load('data. mat');

2. 探索数据

对设备监控数据进行挖掘的意义在于提前预警可能发生的设备故障,然而在一般情况下,从监控数据中很难直接发现存在的潜在风险。这个时候就需要对数据进行探索,探索数据中潜在的信息,本案例中的数据探索过程也很具有典型性。探索数据的主要目的就是寻找比较靠谱的衍生变量,以更精确地刻画设备的运行状态。

探索前,我们先将原始数据划分为正常设备监控数据和有故障的设备数据,这样,便于分析比较,具体探索过程如下:

goodSet＝double(data(：,5,1));

damageSet＝double(data(：,5,end));

Fs＝320;

time＝(0：length(goodSet)－1) ∗ 1/Fs;

(1)显示时间序列

直接绘制设备监控数据的时序图,如下图 6-30 所示,很难发现它们有什么不同,这也是为什么从一般的监控数据很难发现设备潜在故障的原因。

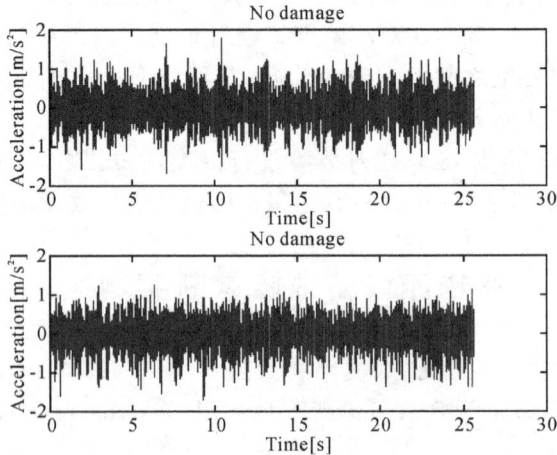

图 6-30　监控数据时序图

代码如下所示：

```
figure,
subplot(2,1,1)
plot(time,goodSet)
xlabel('Time[s]'),
ylabel('Acceleration[m/s^2]'),
title('No damage')
subplot(2,1,2)
plot(time,damageSet)
xlabel('Time[s]'),
ylabel('Acceleration[m/s^2]'),
title('Damage')
```

％从时间序列图上不容易发现它们之间有什么不同

（2）显示柱状图

但绘制这些时序数据的频次图，如下图 6-31 所示，就会发现，好坏设备的这个指标的频次图有差异，这样就能找到基本的衍生变量思路。

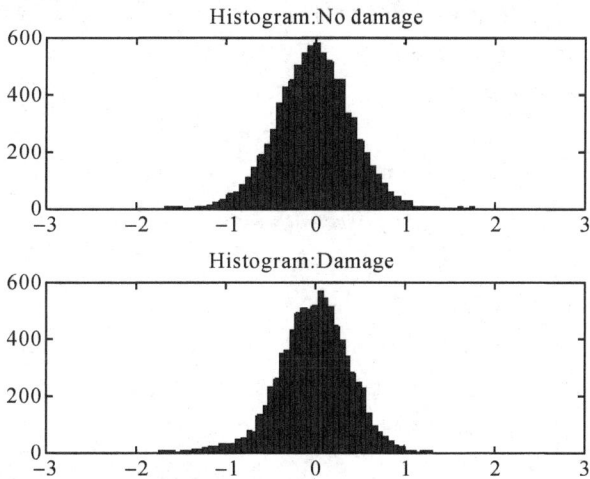

图 6-31 监控数据频次图

代码如下所示：

```
figure,
subplot(2,1,1)
```

```
hist(goodSet,50)
xlim([-3,3])
title('Histogram：No damage')
subplot(2,1,2)
hist(damageSet,50)
xlim([-3,3])
title('Histogram：Damage')
```
％有损伤系统的"standard deviation"貌似要比较小

(3)量化柱状图信息

接下来,我们就来看看能不能用数值来标识好坏设备信息,此处类似特征提取。从上图很容易看出,可以对频次图进行分布拟合,用拟合得到的分布曲线参数来作为特征变量。代码如下所示：

```
Figure
createdistFit(goodSet)
figure
createdistFit(damageSet)
```
％我们可以采用从拟合的分布曲线参数来辨识正常和有缺陷的系统

此节程序运行结果如下：

ans＝Normal distribution

Normal distribution

mu＝-0.00313008 [-0.0119913,0.00573117]

sigma＝0.409145 [0.402975,0.415509]

ans＝

Normal distribution

Normal distribution

mu＝-0.00331835 [-0.0114208,0.0047841]

sigma＝0.37411 [0.368468,0.379928]

运行上面的代码,可以很快得到分布曲线的两个参数,同时可以得到对应的分布曲线(图 6-32 和图 6-33),此时更能清晰地辨识出好坏设备的异同。

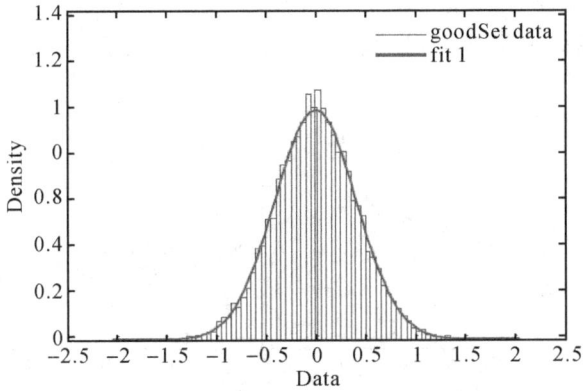

图 6-32　正常设备监控数据的频次图

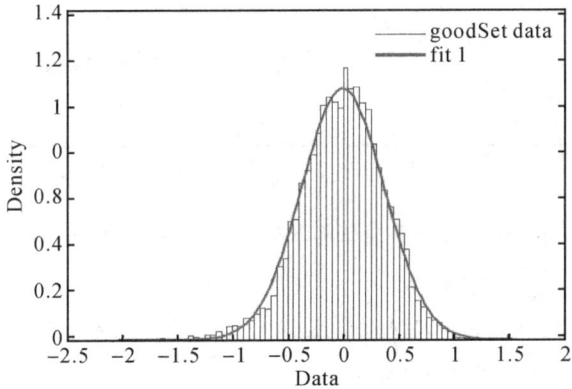

图 6-33　有缺陷设备监控数据的频次图

（4）显示范围

对于特征变量，在数据探索初期，我们衍生得越多越好，这样我们筛选有效变量的基数就大很多，得到优秀变量特和征变量的概率就更高，为此我们可以尝试从不同方面探索变量，比如可以用以下代码探索频率与能量的关系（得到的可视化结果如图 6-34 所示）：

```
figure,
subplot(2,1,1)
pwelch(goodSet,[],[],[],Fs);
title('PSD：No damage')
subplot(2,1,2)
pwelch(damageSet,[],[],[],Fs);
```

title('PSD：Damage')

％从范围图上虽然可以看出一些不同，但不够明显，所以用范围这个变量还不够好

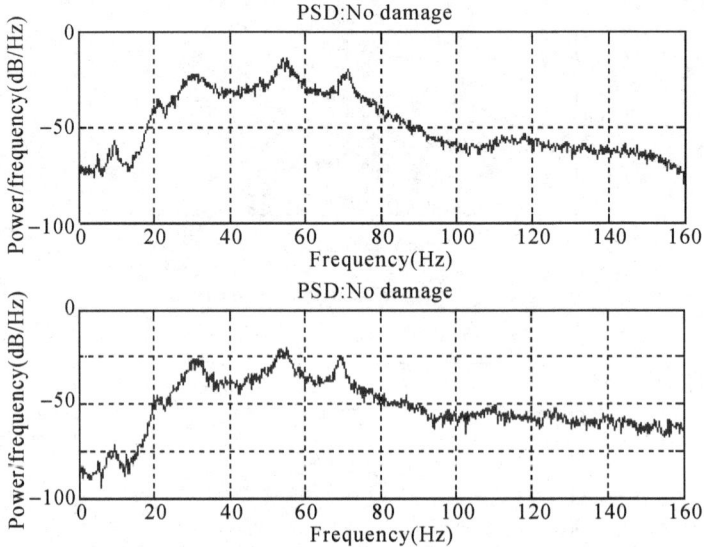

图 6-34　正常和有缺陷设备监控数据的 PSD 对照图

（5）显示自相关系数

可以看看数据间的相关性，比如可以查看好坏设备检测数据的自相关系数的变化规律（如图 6-35 所示）：

```
figure,
hold all
subplot(2,1,1)
plot(xcorr(goodSet,goodSet))
xlabel('Lag'),ylabel('Correlation'),title('Autocorrelation：No damage')
xlim([8092,8292])
subplot(2,1,2)
plot(xcorr(damageSet,damageSet))
xlabel('Lag'),ylabel('Correlation'),
title('Autocorrelation：Damage')
xlim([8092,8292])
```

％从图中可以看出，正常和有损伤序列都具有自相关性，同时它们的

自相关序列具有明显的不同。所以可以用自相关系数作为一个特征变量去辨识系统的好坏

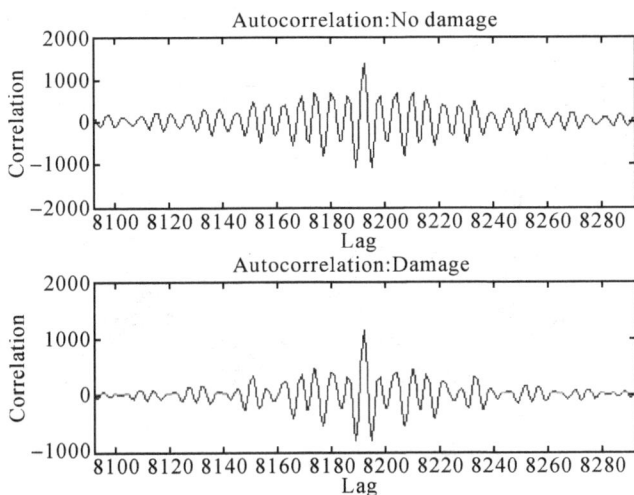

图 6-35　指标的自相关图

　　通过这些探索,我们可以得出这样的认识:通过对数据进行变量衍生,可以得到更好地表征故障信息的变量。

　　(6)计算衍生变量

　　在这个案例中,从业务上去分析出第 5 频道的数据对故障最灵敏,所以原始数据采用第 5 频道的数据。而计算这批设备的衍生变量需要用到 SHMTools 已经开发好的函数,这些函数的功能就是由原始数据采集的数据计算衍生变量。在这个案例中,使用了第 7 个 AR 模型,具体程序如下:

arOrder＝7;

data＝data(:,5,:);

%这里使用 SHMTools 工具包里的特征提取函数

features＝arModel_shm(data,arOrder);

　　(7)标识好坏设备

　　对于每组数据样本,最后一维数据为 1~90 的是正常设备,而为 91~170 的是有损伤的设备,为此还需要将该维数据转换成分类变量:

isDamaged＝false(length(feature),1);

isDamaged(91:end)＝true;

%分类变量

damageState＝categorical(isDamaged)；

(8)可视化变量

目前我们提取了 7 个特征变量,但它们对好坏系统又有不同的识别能力,通过并行坐标图(如图 6-36 所示),我们选择了 3 个识别能力最好的变量,第 1、3、6 个变量,这 3 个变量对有无缺陷的辨识效果如图 6-37 所示,此节的具体代码如下:

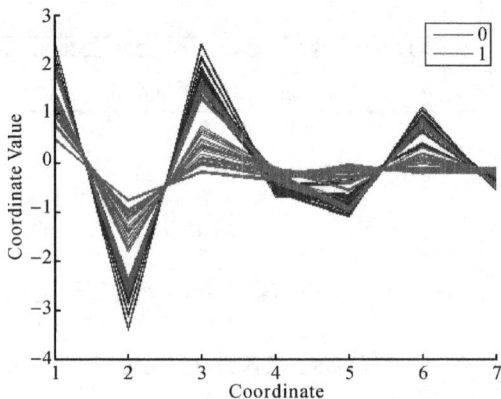

图 6-36　并行坐标图

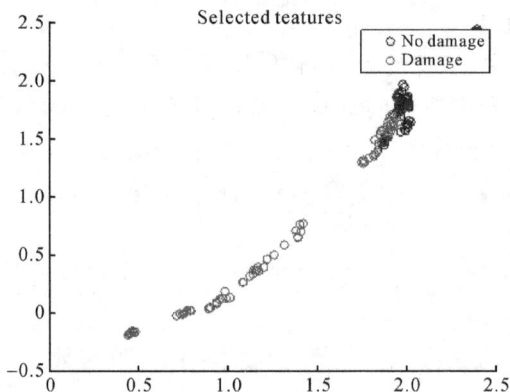

图 6-37　变量对有无缺陷的辨识效果图

Figure

parallelcoords(features,'group',isDamaged)；

pertinentVars＝[1,3,6]；

actFeatures＝features(：,pertinentVars)；

％显示选中的特征变量

Figure

hold all

scatter3（actFeatures（～isDamaged，1），actFeatures（～isDamaged，2），actFeatures（～isDamaged，3））；

scatter3（actFeatures（isDamaged，1），actFeatures（isDamaged，2），actFeatures（isDamaged，3））；

title（'Selected features'）

legend（'No damage'，'Damage'）

%从可视化结果来看，我们可以推测三个特征变量构成了一系列的规则来区分好坏系统。这样我们就可以判断，决策树对这个问题比较合适

3.设置训练样本的测试样本

至此，我们已经准备好数据，在训练模型前，还需要设置训练样本和验证样本，具体如下所示：

rng（4321）

cv＝cvpartition（length（features），'holdout'，0.40）；

trainId＝ find（training（cv））；

testId＝ find（test（cv））；

damageStateTrain＝damageState（trainId）；

damageStateTest＝damageState（testId）；

4.决策树方法训练模型

在所有的分类训练方法中，对于特征变量的识别，决策树算是一种比较好的方法，所以不妨先用决策树方法来训练分类模型（所得的决策树模型如图6-38所示）：

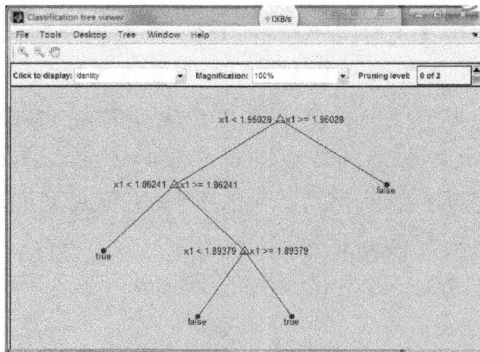

图6-38 训练后得到的决策树模型

具体代码如下所示：

t = classregtree(actFeatures(trainId, :), damageStateTrain);

view (t)

% 评估模型

resTree＝categorical(t. eval(actFeatures(testId, :)));

percentMisclassifiedTree＝sum(resTree～＝damageStateTest)/numel(resTree) * 100

percentMisclassifiedTree＝11.7647

5.集成决策树方法训练模型

为了让模型的分类正确率最高，再使用集成决策树方法训练模型，具体代码如下所示：

tb＝TreeBagger(10, actFeatures(trainId, :), …

amageStateTrain, ′method′, ′classification′);

resTb＝categorical(tb. predict(actFeatures(testId, :)));

% 评估模型

percentMisclassifiedTb＝…

sum(resTb～＝damageStateTest)/numel(resTree) * 100

此节程序运行结果如下：

percentMisclassifiedTb＝4.4118

此时得到的模型的误差率仅为 4.4%，应该说这样的结果已经令人非常满意了。

三、小结

本章重点通过一个实例介绍如何对物流工业设备监控数据进行数据挖掘，从而大大提高设备的故障预警水平，这对保障工业安全生产和物流管理具有直接的借鉴意义。本案例在工业安全领域非常具有典型性，适用范围广，凡有设备监控数据的行业都可以借鉴本案例的模式。另外，本案例也说明，通过变量衍生，我们可以得到对系统更具意义的变量，这对研究系统的辨识度也具有广泛的意义。

【问题与思考】

1.大数据的基本概念与基本特征是什么？

2.大数据的存储和大数据的应用具体涉及哪几方面？

3.简述数据挖掘具体的应用领域。（至少答出五个领域）

4.简述数据挖掘的过程。

第七章　PLC 及其应用

【学习目标】

1. 掌握使用 PLC 技术的意义。

2. 了解 PLC 技术的研究现状。

3. 了解 PLC 技术的应用案例。

4. 基本具备 PLC 技术的创新思维。

【案例导入】

在 PLC 广泛应用以前,工业上所用到的控制系统基本上都是继电器控制,在当时比较粗糙的环境下,继电器控制能满足当时的工业水平。随着工业水平的发展,继电器控制的劣势逐渐体现出来,继电器控制极为复杂,一旦机器发生意外,必须停止机器慢慢找故障,花费时间久并且会严重影响生产,而且零件更换所花费的费用也很高。而在 PLC 控制技术出现后,工业系统慢慢地把原来的继电器控制用 PLC 控制来代替。

我国云南昆钢重型装备制造集团有限公司一直着力于生产重型设备,主要产品有起重机和矿山设备。昆钢重装集团是以重型装备制造产业为核心,维护保产、建筑安装为延伸,组成企业三大业务板块。目前,昆钢重装集团旗下有昆钢力信钢结构有限公司、云南钢结构住宅技术开发有限公司、昆钢装饰福利有限公司、昆钢耐磨材料科技股份有限公司等子公司,并设有维检中心、轧辊厂、铸钢厂、锻件厂、起重运输机械厂、重型机械厂、重型结构厂等直属厂。昆钢重型装备制造集团发展成为西南地区具有大型成套设备研究开发、设计、制造能力的企业集团之一,成为云南省装备制造行业的龙头骨干企业。2010 年,销售收入达到 20 亿元;2013 年,销售收入达到 50 亿元,实现跨越式发展。

虽然 PLC 技术已经出现几十年了,但是运用在起重机上的还是不多,因为起重机一般所用的环境都比较恶劣,一般都会在高温或者沙尘比较多的地方,在这种环境下继电器控制比较有效,PLC 相对而言的话过于精密了。但是因为技术的要求,昆钢重装逐渐改变设计关键,将一部分起重机从原有的继电器控制转变成了 PLC 控制,转变的结果很明显地体现在了销售额上,从 2010 年的 20 亿元到 2013 年的 50 亿元,越来越多的企业也倾向于选择 PLC 控制的起重机,毕竟控制简单,维修方便。

(案例来源:云南昆钢重型装备制造集团有限公司官网)

第一节　PLC 的概述

一、PLC 的发展历史和定义

1. PLC 的诞生

在 PLC 诞生之前,当时世界上所用的都是继电器控制系统,它是弱电信号控制强电信号的控制方法,继电器控制比较复杂,一旦机器发生意外,查找故障需要花费很多的时间,在这段时间内,工厂只能选择停产,非常影响生产效率。而且,继电器控制系统的接线和装配都很烦琐,如果需要改进,它的周期会很长,并且费用也很高。因此美国通用公司在 1968 年开始寻求一种新的控制方式,该方式需要有比继电器更可靠、功能更齐全、相应速度更快的特点,并且能从用户角度考虑,同时还提到了 10 个要求。

(1)编程简单,可在现场修改程序;

(2)维护方便,最好是插件式;

(3)可靠性高于继电器控制柜;

(4)体积小于继电器控制柜;

(5)可将数据直接送入管理计算机;

(6)在成本上可与继电器控制柜竞争;

(7)输入可以是交流 115V(即用美国的电网电压);

(8)输出为交流 115V、2A 以上,能直接驱动电磁阀;

(9)在扩展时,原有系统只需要很小的变更;

(10)用户程序存储器容量至少能扩展到 4KB。

GM 公司提出上述条件后,立即引起了开发的热潮。1969 年,美国数字设备公司(DEC)研制出了世界上公认的第一台可编程控制器,并应用于通用汽车公司的自动装配线上。控制器当时叫可编程序逻辑控制器(Programmable Logic Controller,PLC),目的是用来取代继电器,以执行逻辑判断、定时、计数等顺序控制功能。紧接着,美国莫迪康(MODICON)公司也开发出同名的控制器。1971 年,日本从美国引进了这项新技术,很快研制成了日本第一台可编程序控制器。1973 年,西欧国家也研制出它们的第一

119

台可编程序控制器。我国是在 1974 年开始研制可编程序控制器,到 1977 年开始进行工业应用。最早我国只是在进口的一些设备上采用可编程控制器,随着技术的提升,开始慢慢地在其他的设备上使用可编程序控制器。现如今,我国已经能独立生产小型可编程序控制器。

由于 PLC 控制系统的中央处理器类似于 CPU,所以 PLC 技术在很大程度上依赖计算机技术和半导体技术。随着半导体技术的发展,CPU 技术逐步提升,PLC 已广泛地使用 16 位甚至 32 位微处理器作为中央处理器,输入/输出模块和外围电路也都采用了中、大规模甚至超大规模的集成电路。在 20 世纪 90 年代的时候,PLC 已经不仅仅具有逻辑判断功能,同时还具备了数据处理、闭环回路调节、数据处理和通信功能。

2. 可编程序控制器的定义

在可编程序控制器研制出来十几年后,才有国际电工委员会(IEC)对其发表的几个草案,在草案中对可编程序控制器定义如下所述:"可编程序控制器是一种数字运算操作的电子系统,专为在工业环境下应用而设计。它采用了可编程序的存储器,用来在其内部存储和执行逻辑运算、顺序控制、定时、计数和算术运算等操作命令,并通过数字式和模拟式的输入和输出,控制各种类型的机械或生产过程。可编程序控制器及其有关外围设备,都按易于与工业系统连成一个整体、易于扩充其功能的原则设计。"

二、PLC 的主要特点及应用领域

1. PLC 的主要特点

(1)可靠性高,抗干扰能力强

其高可靠性表现在:①所有的 I/O 口电路均采用光电隔离,使工业现场的外电路与 PLC 内部电路之间在电气上隔离;②各输入端均采用 RC 滤波器,滤波时间常数一般为 10~20ms;③各模块均采用屏蔽措施处理,以防止辐射干扰;④采用性能优良的开关电源;⑤对采用的器件进行严格的筛选;⑥良好的自诊断功能,一旦电源或其他软、硬件发生异常,CPU 立即采用有效措施,以防止故障扩大;⑦大型 PLC 还可以采用由双 CPU 构成的冗余系统或有三 CPU 构成的表决系统,使可靠性更进一步提高。

(2)丰富的 I/O 接口模块

PLC 针对不同的工业现场信号(如交流或直流、开关量或模拟量、电压或电流、脉冲或电位、强电或弱电等)有相应的 I/O 模块与工业现场的器件或设备(如按钮、形成开关、接近开关、传感器及变速器、电磁线圈、控制阀等)直接连接。另外,它还有很多种人机对话接口模块可提高操作性能,有多种通信联网的接口模块便于组成工业局部网络等。

(3)模块化结构

为了适应各种工业控制需要,除了整体式的小型PLC以外,绝大多数PLC均采用模块化结构。其中模块有CPU、电源、I/O扩展口等,利用电缆在机架上进行固定与连接,客户可以根据需要进行组合。

(4)编程方法简单易学

现阶段使用最多的PLC语言是梯形图,其表达方式比较简单易懂易学,并且与继电器电路原理图相似,熟悉继电器电路的电气技术人员只需要花费几天时间就可以熟悉梯形图语言,并且熟练使用。

(5)安装简单,维修方便

PLC由于体积比较小,安装位置不需要太大,所以它可以在各种工业环境下直接运行。在需要维修的时候,可以切断几个模块,使系统迅速恢复运行。

2.PLC的应用领域

目前,PLC的应用领域已经遍布所有的工业领域以及部分的生活领域,甚至普通家庭所购买的变频空调都是采用PLC控制的。PLC的应用领域包括以下几个方面:

(1)开关量的逻辑控制

开关量控制是基于传统的继电器控制进行改进的,能够实现逻辑控制、顺序控制,可以对单台设备进行控制,也可以对多台设备进行控制,比如生产线、印刷机等等。

(2)模拟量控制

在生产过程中,有许多连续变化的温度、压力、流量等等,这些都属于模拟量。为了使可编程控制器处理模拟量,必须实现数字量与模拟量的转化,即A/D与D/A的转换。比如西门子公司就有单独生产模拟量与数字量转换的模块。

(3)运动控制

常用的运动一般有直线运动、圆周运动、加速等,比较特殊的运动有单轴、双轴、三轴和多轴等位置控制,这些位置控制都可以使用PLC专门的运动控制模块。PLC的运动控制功能广泛用于各种机械,例如金属切削机床、金属成形机械、机器人、电梯等等。

(4)过程控制

闭环过程控制是指对温度、压力、流量等模拟量的比例微积分调节(PID)闭环控制。作为工业控制的中心,PLC能编制各种各样的控制算法程序,完成闭环控制。PID调节是一般闭环控制系统中使用的较多的调节方法,大中型PLC都有PID模块,目前许多小型PLC也具有此功能模块,一般是运行专门的PID模块进行PID控制。

(5)数据处理

如今的PLC相当于一台简单的电脑,已经具有了非常强大的运算功能,其中包括矩阵运算、函数运算、逻辑运算等等,甚至还有数据传送、数据转换、排序、查表、位操作等特殊的运算,还可以完成数据采集、分析与处理等。

(6)通信及联网

PLC通信包括PLC与PLC之间的通信,还包括PLC与上位机或者下位机之间的通信。随着计算机技术的发展,PLC通信接口也在发生变化,可以增加无线模块等方式。

三、可编程序控制器的发展现状与趋势

1.国内外PLC厂家介绍

自从1969年PLC问世到现在,已经有了几十年的发展了,PLC从最早的单个模块发展成为现在多模块组成的复杂的控制系统。我国大量使用PLC是从20世纪80年代开始的,在那个年代,一些大型工程项目中都采用了PLC控制,目的是能提高生产效率,因为这个原因加速了国内PLC发展进程。

我国PLC厂家的发展就是从20世纪80年代开始,主要有以下几家比较有名的PLC生产厂家:信捷、台达、台安和永宏等。但是国内生产的PLC种类比较少,主要集中在小型PLC的品种上,大型PLC几乎很少有公司生产。同时,国内厂家生产的PLC在质量上与国外厂家所生产的PLC差距还是蛮大的,远远不能满足国内日益增长的市场需要,在很多控制系统上仍然需要采用进口的PLC。

目前,国外流行的PLC厂家有日本的三菱、欧姆龙、松下、日立、夏普、冬至、富士、安川等等,美国有A-B、GOULD、GE-Fanuc、Square D、西屋和TI仪器等等,德国有西门子、BBC和AEG等等,法国有Schneider和TE等公司。

德国的西门子、日本的三菱和欧姆龙、美国的A-B和GE-Fanuc、法国

的 TE 等几家公司占据了全世界 PLC 市场 80％的份额,他们的系列产品有其技术广度和深度,价格便宜的有几十元,贵的有几千元甚至几万元。

在小型 PLC 中,还是以日本的三菱和德国的西门子为首,这两家企业在整个市场的份额中占了绝大多数。其中我国使用西门子 PLC 最多,因为其具有功能强大、软硬件资源丰富、使用灵活、扩展方便和全集成自动化等优点。

2. PLC 的发展趋势

虽说如今的 PLC 已经发展成很强大的控制系统,但是未来的 PLC 还有更广阔的发展区间。一个是计算机技术和微机合成技术的逐步提高,会有运算速度更快、存储容量更大、智能更强的品种出现;从产品规模看,会进一步向超小型及超大型方向发展;从产品的配套性上看,产品的品种会更丰富、规格更齐全,完美的人机界面、完备的通信设备会更好地适应各种工业控制场合的需求。

现代 PLC 的发展有两个重要趋势:其一是向体积更小、速度更快、功能更强和价格更低的微小型方面发展;其二是向大型网络化、高可靠性、好的兼容性和多功能性方面发展。其发展趋势主要表现在以下几个方面:

(1)向小型发展:在可靠性达到的情况下,PLC 控制器的体积越小,反应速度越快,功能越强大,那 PLC 就越完善。从多个模块化逐渐转变成集成模块化,增加了配置的灵活性。

(2)向大型化发展:目前大中型 PLC 已经从早期的 8 位、16 位发展到现阶段的 32 位和 64 位,时钟频率已经达到几百兆赫兹了,运算速度也大大提高,部分 PLC 从单 CPU 发展成多 CPU 并行,速度能达到 0.2ms/千步,存储区容量也成倍地增加,同时具有高可靠性、网络化和智能化的优点。

(3)编程语言和编程工具的多样化、高级化和标准化:随着 PLC 结构的发展,PLC 编程语言也在发生变化。目前有三种 PLC 编程语言:一种是常见的梯形图,第二种是顺序功能语言图,第三种是模仿过程流程的功能块图语言。其中梯形图是使用的最多的,因为这种编程语言易懂且易学,稍微有点电气知识的人一学就会。

(4)发展智能模块:智能输入/输出模块具有 CPU、RAM 等,可以和 PLC 的 CPU 并行工作,提高了 PLC 的运行速率。当然这也只是智能模块的一部分,还有其他比如人机模块、无线模块等等。发展智能模块可以增加 PLC 控制系统的可靠性、适应性等。

(5)网络化发展:在如今的互联网时代,没有网络功能的设备都会逐步地被淘汰,因此增加 PLC 的网络化是非常重要的一件事情。PLC 网络化的前提是需要增加网络模块，可以与上位机进行连接。目前，大多数制造厂家的做法是采用通信协议，这种通信方式存在时间有点久，系统的完善需要大量的通信线缆连接，如果能用无线连接的方式，可以有效地减少大量的通信线缆和布线。

（6）组态软件在上位机与 PLC 通信中的应用：小型 PLC 控制系统比较少使用上位机与 PLC 的方案，只有在大中型的 PLC 控制系统中才会采用上位机与 PLC 结合的方式。上位机主要需要完成数据通信、网络管理、人机界面和数据处理。而现阶段的人机界面主要采用组态软件去完成，组态软件可以使用 VC＋＋、VB 等语言进行编程，比较方便。国内现在主要有的组态软件有组态王、MCGS、紫金桥和力控等；国外的主要有有西门子公司的 WINCC 等比较有名的组态软件。

四、可编程控制器的基本结构

1. 可编程控制器的主要技术指标及其分类

（1）主要技术指标

一个最简单的 PLC 应该包含 I/O 点、CPU、电源、存储器，但是因为功能的开发还有通信等其他的模块。

①I/O 点：PLC 的 I/O 点是指 PLC 的输入/输出点，它的个数说明了 PLC 的端子数的总量，同时个数也说明了 PLC 的大小。个数越多，PLC 的型号越大；个数越少，PLC 的型号就越小。

②存储容量：PLC 的存储系统包括了系统存储器、用户程序存储器和数据存储器。所有的存储容量都可以表现出系统的可用资源，在欧美的 PLC 中，通常用 kB 来表示存储容量的大小，而日本的 PLC 则是用"步"来表示，一"步"代表了一个地址单元。

③扫描速度：PLC 的扫描方式是循环扫描方式，完成一次扫描所需的时间叫作扫描周期。这里所指的扫描速度是指扫描一步指令所需要的时间，单位是 ms/千步。

④指令系统：指令系统是指 PLC 所有指令的和。PLC 的指令越多，系统执行的速度就越慢，但是 PLC 的功能就会越强大。

⑤模块：为了满足客户的需要，PLC 从最早的整体式发展到如今的模块化，多种模块的组合，可以使客户根据需要进行自我搭配。

⑥通信联网：PLC 的通信分为 PLC 与 PLC 之间的通信和 PLC 与上位机之间的通信。目前 PLC 的通信方式主要是以总线为主的通信方式。

（2）PLC 的分类

PLC 根据硬件结构形式可以分为整体式和模块式。

① 整体式：整体式 PLC 是将电源、CPU、I/O 点组装成一起的一个整体，也可以称为一个单元。这种整体式 PLC 是最基本的 PLC，还有其他的附带特殊功能单元，如模拟量单元、位置控制单元。常见的整体式 PLC 有西门子的 S7-200，这个型号的 PLC 是比较基础的，功能也不是太多。整体式 PLC 如图 7-1 所示。

图 7-1　整体式 PLC（图片来源：西门子中国官网）

② 模块式 PLC：模块式 PLC 是由机架和多种模块组成。常用的模块有 CPU 模块、I/O 模块、电源模块以及各种功能模块。在安装过程中必须将电源和各种模块安装在机架上，模块之间用总线连接。模块式 PLC 最大的优点在于客户可以根据自己的需要进行模块选择，简单并且方便。常用的模块式 PLC 主要有西门子的 S7-300 和 S7-400。模块式 PLC 如图 7-2 所示。

图 7-2　模块式 PLC（图片来源：西门子中国官网）

虽然整体式和模块式 PLC 结构不同，但是这两者能实现的功能都是一样的，客户可以根据自己的需要进行选择。

PLC 根据 I/O 点数可以分为大型 PLC、中型 PLC、小型 PLC 三种。

大型 PLC：大型 PLC 的 I/O 点数大于 2048 个。大型 PLC 主要用于大规模的控制，比如大型的生产线、工厂自动化。

中型 PLC：中型 PLC 的 I/O 点数大于 256 个、小于 2048 个。主要用于功能比较丰富且具有闭环控制的场合。

小型 PLC：小型 PLC 的 I/O 点数小于 256 个。主要用于开关量的控制、定时/计时控制等需要 I/O 点数不多的情况。

根据功能可以将 PLC 分为高档 PLC、中档 PLC、低档 PLC。

低档 PLC：低档 PLC 是指具有逻辑运算、定时、计时、移位以及自我诊断、监控等功能的 PLC，同时低档 PLC 还能进行算术运算、数制转换、远程 I/O、子程序、通信联网等功能。

中档 PLC：中档 PLC 除了低档 PLC 具有的功能外，还具有较强的算术运算、数制转换、远程 I/O、子程序、通信联网等功能。中档 PLC 已经可以设置中断控制、PID 控制等一些比较复杂的功能。

高档 PLC：高档 PLC 除了中档 PLC 具有的功能外，还能进行符号算术运算、矩阵运算、为逻辑运算、平方根运算等更为复杂的运算。高档 PLC 主要用于大规模过程控制或构成分布式网络控制系统，实现工厂自动化。

五、PLC 的基本结构

完整的 PLC 是由 CPU、存储器、I/O 模块、通信接口、扩展接口和电源等部分组成。

1. CPU

CPU 是整个 PLC 的最重要部分，也相当于人的大脑。PLC 当中配置的 CPU 根据所选的型号不同而不同，常见的 CPU 有通用微处理器、单片微处理器和位片式微处理器。以上三种 CPU 相对应低、中、高档三种 PLC。

PLC 中的 CPU 的用途和电脑中 CPU 的用途一样，都是处理各种数据和执行规定的程序。

2. 存储器

存储器可以分为两种，一种是可以读写的随机存储器，我们称为 RAM；另一种只读式的存储器我们统称为 ROM。不管是 RAM 还是 ROM 其功能都是一样的，用于存放系统程序、用户程序及工作数据。

ROM 主要用于存储程序，防止有人进行修改；而 RAM 主要用于存储 PLC 运行过程中产生的数据，因为这些数据时常会发生变化。

3. I/O 模块：

I/O 模块是 PLC 与工业生产现场之间的连接部位。PLC 通过输入口接受各种数据,再通过输出口将处理完的数据传送到被控制对象,以实现控制目的。PLC内部的CPU只能处理标准电平,但是CPU与外部其他设备所需的电耗电平各不相同,因此需要I/O及入口实现转换。

PLC的I/O接口所能接受的输入信号个数和输出信号个数称为PLC输入/输出点数。I/O点数可以根据需要进行增加或者减少输入/输出模块。

4. 通信接口

常用的PLC都具有通信接口,PLC的通信接口可以与监视器、上位机、打印机以及其他PLC相连。PLC的通信接口主要是为了与上位机相连,组成多级分布式控制系统,实现控制与管理相结合,同时很多数据参数都可以在上位机上显示出来。

5. 电源

常用的PLC都具有开关电源,以供内部电路使用。PLC电源相对于普通电源具有稳定性好、抗干扰能力强的优点。常用PLC电源的额定电压为24V。

6. 功能模块和智能模块

常用的功能模块一般都具有其自己的CPU、系统程序、存储器等,其实功能模块就是一个具有特定功能的小型的独立的PLC。高速计数模块、PID控制模块、运动控制模块、中断控制模块都属于功能模块。

7. 编程装置

PLC的编程是通过电脑进行编程,然后通过总线将程序传送到ROM中,CPU根据该程序进行扫描循环。计算机的编程系统可以编制和修改PLC的梯形图程序,还可以编制程序语言。该编程系统可以配合相应的软件来进行数据采集和分析。

8. 其他外部装置

在PLC的外部还可以连接监控设备,小的有数据监视器,可监视数据;大的还可能有图形监视器,可通过画面监视数据。除了不能改变PLC的用户程序,编程器能做的它都能做,是使用PLC很好的界面。性能好的PLC,这种外部设备已越来越丰富。

六、可编程控制器的工作原理

西门子可编程控制器的工作模式有2类,即RUN(运行)以及STOP

（停止）。其工作模式的切换可以手动通过 PLC 的 CPU 模块上的模式转换开关来切换，也可以通过 PLC 的程序来自动切换。在自动切换模式中，只要在 PLC 运行过程中出现故障，PLC 就自动从 RUN 模式切换到 STOP 模式，防止其故障的加剧。

在 STOP 模式下，可以在计算机的编程软件上编辑程序，但是不能在此模式下执行该程序。

在 RUN 模式下，不仅可以在计算机的编程软件上编辑程序，并且可以执行该程序。

图 7-3　扫描过程

PLC 既具有继电器和微机两种工作特点，同时又拥有自己的特点。PLC 的工作过程就是当其执行完一个操作之后才能继续执行下一个操作，因此 PLC 并不可以同时执行多个操作，即 PLC 不能串行工作。因为 PLC 的运行速度很快，所以它表现出来的结果是同时运行的。这个串行工作的过程又被称为循环扫描。如图 7-3 所示为 PLC 的循环扫描过程。

可编程控制器的扫描过程中不仅仅是执行该程序，而且还会在每次扫描过程的时候进行自我诊断，并与外部设备进行通信工作。在 PLC 进行自我诊断过程中，PLC 会自动检查其内部的硬件有没有发生故障。

可编程控制器的循环扫描可分为输入采样、程序执行、自我诊断以及信号输出 4 个阶段：

1. 输入采样

输入采样阶段,PLC接收信号,比如按钮、触点等等,PLC将这些信号存入存储器直到信号被读取,这一个过程为一个扫描周期。

在RUN模式下,其输入采样过程是PLC先进行信号输入,然后CPU执行程序,并处理程序中的通信请求,再由CPU对程序做出自我诊断,最后输出信号。在STOP模式下,其采样过程是PLC先进行信号输入,然后CPU处理程序中的通信请求,再由CPU对程序做出自我诊断,最后输出信号。

2. 程序执行

在程序执行的阶段中,输入映像寄存器不会随着外部输入信号的改变而发生改变。输入寄存器的状态的变化只会受扫描阶段是否完成而改变。

PLC中的程序是由几条指令构成,这几条指令按部就班的存放于存储器之中。在PLC还没有执行跳转指令的时候,PLC内中央处理器的运行是从第一条指令开始,依次往下执行该程序。在执行指令时,所执行的数据是从输入映像寄存器中读取出来的,并根据其要求执行相关的运算,并将结果存入相对应的影响存储器中。

3. 自我诊断

PLC的自我诊断是随着执行程序的过程一起进行的,它会自动检查CPU的操作以及扩展模扩的运行是否正常。

4. 信号输出

在信号输出阶段中,PLC中的CPU会降输出映像寄存器中的信号传送到存储器中。

七、PLC编程语言

常用的PLC编程语言主要有梯形图、功能表图和功能模块图。梯形图是三者里最简单的编程语言,其每一个步骤都可以在程序图上表示,梯形图通常是由一系列指令组成,用这些指令可以完成所有的控制功能。而功能表图是一种比梯形图要高级的编程语言,应对比较复杂的程序,主要用在一些大型的流水线或者大型的工程上。

1. 梯形图

梯形图语言其实是从继电器逻辑控制系统升级过来的,它是用符号来表示PLC程序每一步的一种编程语言,这种语言是利用每一个梯级之间的因果关系来进行编程的。在每一层的梯级上,事件发生的结果在最右边表示,而时间发生的条件则在左边表示。梯形图语言其实是从继电器逻辑控制系统升级过来的。

梯形图程序设计语言的特点是:

(1)与电气操作原理图相对应,具有直观性和对应性。

(2)与原有继电器逻辑控制技术相一致。

(3)与原有的继电器逻辑控制技术的不同点是,梯形图中的能流不是实际意义的电流,内部的继电器也不是实际存在的继电器,因此应用时需与原有继电器逻辑控制技术的有关概念区别对待。

2.功能表图

功能表图程序设计语言是用功能表图来描述程序的,它是近年才发展起来的一种程序设计语言。采用功能表图的描述,控制系统被分为若干个子系统,从功能入手,使系统的操作具有明确的含义,便于设计人员和操作人员设计思想的沟通,也便于程序的分工设计和检查调试。功能表图程序设计语言的特点是:

(1)以功能为主线,条理清楚,便于对程序操作的理解和沟通。

(2)对大型的程序,可分工设计,采用较为灵活的程序结构,可节省程序设计时间和调试时间。

(3)常用于规模较大、程序关系较复杂的场合。

(4)只有在活动步的命令和操作被执行时,才对活动步后的转换进行扫描,因此,整个程序的扫描时间较其他程序的扫描时间要大大缩短。

3.功能模块图

功能模块图程序设计语言是采用功能模块来表示的,不同的功能模块有不同的功能。它有若干个输入端和输出端,通过软连接的方式,分别连接到所需的其他端子,完成所需的运算或控制功能。功能模块可以分为不同的类型,在同一种类型中,也可能因功能参数的不同而使功能或应用范围有所差别。例如,输入端的数量、输入信号的类型等的不同使它的使用范围不同。由于采用软连接的方式进行功能模块之间以及功能模块与外部端子的连接,因此控制方案的更改、信号连接的替换等操作可以很方便实现。功能模块图程序设计语言的特点有以下几点。

(1)以功能模块为单位,从控制模块为单位,从控制功能入手,使控制方案的分析和理解变得容易。

(2)功能模块式用图形化的方法描述功能,它的直观性大大方便了设计人员的编程和组态,有较好的易操作性。

(3)对控制规模较大、控制关系较复杂的系统,由于控制功能的关系可以较清楚地表达出来,因此,编程和组态时间可以缩短,调试时间也能减少。

(4)由于每种功能模块需要占用一定的程序内存,对功能模块的执行需要一定的执行时间,因此,这种设计语言在大中型 PLC 和集散控制系统的编程和组态中才被采用。

第二节 典型 PLC 的应用

一、西门子 S7-300/400 系列 PLC 的数据类型和寻址方式

PLC 的数据类型决定了用户以什么方式或格式理解或者访问 CPU 存储中的数据。S7-300/400 系列 PLC 数据类型包括基本数据类型、复杂数据类型和参数数据类型等,可参考图 7-4 的组成结构示意。

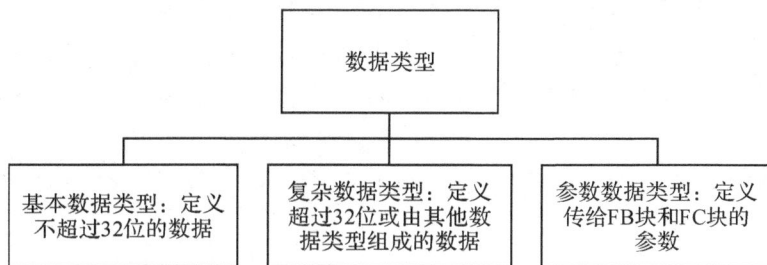

图 7-4 数据类型

1.基本数据类型

基本数据类型的长度不超过 32 位。在 S7 系列 PLC 中,基本数据类型按照 IEC61131-3 而预先定义。以这种方式定义的数据类型,除了可以支持执行 PLC 的基本任务,如二进制和模拟信号的处理之外,也可以实现简单的信号传送以及时间日期管理等任务。

使用基本数据类型时,数据类型决定了一个变量所需要的存储空间的数量。在 S7 系列中、高档 PLC 的编程软件 STEP7 中,基本数据类型的长度不会超过 32 位,可以完全加载到累加器(ACCU)中并由指令 S7-300/400

系列 PLC 的 CPU 进行处理。

基本数据类型的说明如下：

（1）位（BOOL）、字节（BYTE）、字符（WORD）、双字符（DWORD）、整数（INT）、双整数（DINT）和浮点数（REAL）：位（BOOL）数据类型包含一个位，而字节、字符、双字符这几种数据类型的数据变量依次由 8 位、16 位和 32 位二进制数（0 或 1）组成。

（2）S5TIME（SIMATIC 时间）、IEC 时间（TIME）、IEC 日期（Date）和日计时（TIME_OF_DAY）：S5TIME 数据类型的变量，用于在定时器（S5 定时器功能）中指定定时值（设定值）。可以分别以小时、分钟、秒或毫秒为单位指定时间值、向定时器输入时间设定值时，可以使用带下划线的数值，也可以使用不带下划线的数值。

TIME 数据类型变量占据双字的地址空间，这种变量用在 IEC 定时器功能中指定定时值。这种数据类型变量的内容被视为一个以毫秒为单位的双整数数据，并且可正可负。

IEC 功能块库中的功能 FC33 和功能 FC40，可以分别将 S5TIME 格式转换成 TIME 格式，或将 TIME 格式转换成 S5TIME 格式。

DATE 数据类型变量是以无符号整数形式存储在一个字的地址空间中，其内容表示的是自 1990 年 1 月 1 日以来的天数值。

TIME_OF_DAY 数据类型变量占据双字的地址空间，它代表了自当日起所经过的时间毫秒值，即这一天的实时时间，该数值是一个无符号整型数。

西门子 S7-300/400 系列 PLC 基本数据的类型、包含位数、表示形式和数据表示范围等见表 7-1。

表 7-1 西门子 S7-300/400 系列 PLC 基本数据表

类型	包含位数	表示形式	数据表示范围	举例
位（BOOL）	1	布尔量	Ture or False(0 或 1)	例如，"1"代表触点的闭合，"0"代表触点的断开
字节（BYTE）	8	十六进制	B#1600～B#16FF	B#16#10
字（WORD）	16	二进制	2#0～2#1111 1111 1111	2#1101 1011 1100 1011
		十六进制	W#16#0～W#16#FFFF	W#16#2FA8
		BCD 码	C#0～C#999	C#462
		无符号十进制	B#(0,0)～B#(255,255)	B#(2,254)

类型	包含位数	表示形式	数据表示范围	举例
双字 (DWORD)	32	十六进制	W＃16＃0～W＃16＃FFFF FFFF	W＃16＃2222 BBBB
		无符号数	B＃(0,0,0,0)～B＃(255,255,255,255)	B＃(12,23,34,45)
字符(CHAR)	8	ASCII 码	可打印的 ASCII 码	'A','@'
整数(INT)	16	有符号十进制	−32768～＋32768	−666
双整数 (DINT)	32	有符号十进制	−2147483648～＋2147483648	＋87654321
浮点数 (REAL)	32	IEEE 浮点数	−1.175495e～＋3.402823e＋38	−1.34e−18
IEC 时间 (TIME)	32	有符号 IEC 时间,分辨率为 1ms	T＃24D 20H 32M 23S 648MS～24D 20H 31M 23S 647MS	T＃24D 20H 32M 23S 640MS
S5TIME (SIMATIC 时间)	32	S5 时间,以 10ms 为时基	S5T＃0H 0M 0S 10MS～24H 46M 300MS	S5T＃1H 2M 3S 20MS
日期 (Date)	32	分辨率为 1 天	D＃1990 1 1～2168 12 31	D＃1999 2 3
日计时 (TIME_OF_DAY)	32	当天的实时时间,分辨率为 1ms	TOD＃0：0：0.0～23：59：59.999	TOD＃6：6：6.6

2.复杂数据类型

复杂数据类型是由其他基本数据类型组合而成的,长度超过 32 位的数据类型。数据结构的基本概念在于高级结构与基本数据类型之间的区别,基本数据类型时构成复杂数据类型的基本数据单位。

在编程软件 STER7 中,复杂数据类型智能用于连接在全局数据块(DB)或本地数据堆栈中所生命的变量。复杂数据类型不能够完全加载到一个累加器中并进行处理。

二、西门子 PLC 指令的介绍

西门子 PLC 的指令有基本逻辑指令和一些特殊的指令,基本指令主要包括"与""或""异或"指令,其他的一些特殊的指令包括位逻辑指令、定时器与计数器指令、数据处理指令、数学运算指令以及其他的一些指令。

1.基本逻辑指令

西门子 PLC 中"与"指令可以理解为并联,而"或"指令可以理解为串联,"异或"指令则是串联与并联混合,如下图所示就是这三个基本逻辑指令的等效梯形图。(见图 7-5、7-6、7-7)

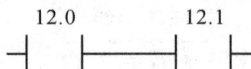

图 7-5　逻辑"与"指令

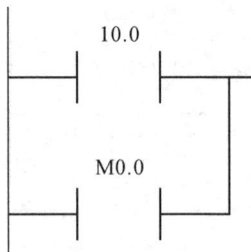

图 7-6　逻辑"或"指令

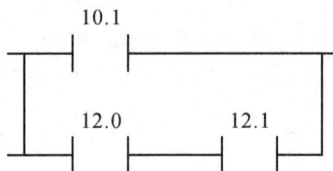

图 7-7　逻辑"异或"指令

上述三种基本逻辑指令是西门子 PLC 中最基础的指令,所有的编程都是在这三个基础指令上延伸开的,再加上需要的特殊指令就形成了西门子 PLC 的整个程序。

2.PLC 的特殊指令

PLC 中相对基本逻辑指令而言比较特殊的指令包括位逻辑指令、定时器与计数器指令、数据处理指令、数学运算指令以及其他的一些指令。(见表 7-2)

(1)位逻辑指令

位逻辑指令的二进制位智能取 0 和 1 这两个值。在触点和线圈中,其中 0 表示未激活或未激励状态,1 则表示激活或激励状态。

表 7-2　PLC 特殊指令

指令	描述	指令	描述	指令	描述
---| |---	常开触点	---|NOT|---	能流取反	—(N)——	RLO 下降沿检测
---|/|---	常闭触点	---(S)	置位线圈	—(P)——	RLO 上升沿检测
---(SAVE)	将 RLO 保存到 BR	RS	RS 置位优先型双稳态触发器	NEG	地址下降沿检测
—( )	输出线圈	SR	SR 复位优先型双稳态触发器	POS	地址上升沿检测
---(#)---	中间输出	---(R)	复位线圈		

（2）定时器与计数器指令

定时器相当于继电器电路中的时间继电器,它的原理就是设定一个时间,时间到了之后启动程序。S7-300/400 的定时器分为脉冲定时器、扩展的脉冲定时器、接通延时定时器、保持型接通延时定时器和断开延时定时器。

用户使用的定时器字由三位 BCD 码时间值（0～999）和时间基准组成（见图 7-8）,时间值以指定的时间基准为单位。在 CPU 内部,时间值以二进制格式存放,占定时器字的第 0～9 位。

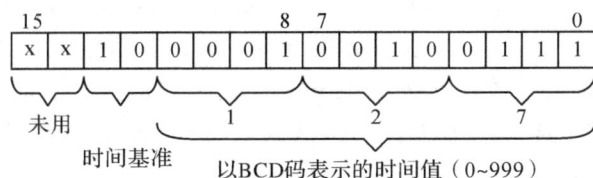

图 7-8　定时器字

定时器字的第 12 位和 13 位是用来作时间基准,第 14 和 15 位为 0。时间基准代码为二进制的 0 和 1,这样时间基准的组合有 00、01、10、11 四种,其对应的时间基准分别是 10ms、100ms、1s、10s。定时器所设定的时间等于预设时间值乘以时间基准值。同时,时间基准值反映了定时器的分辨率,时间基准越小,分辨率越高,可定时的时间就越短;时间基准值越大,分辨率越低,可定时的时间就越长。时间基准的选择是 CPU 自动选择的,根据所设定的最小的时间值来设定时间基准。

定时器预设时间值的表示方法如下所示:W♯16♯wxyz,其中 w 为时间基准,xyz 为 BCD 码格式的时间值,"♯"号是英文字符。例如定时器字为 W♯16♯3999 时,时间基准为 10s,定时器时间为 999×10s＝9990s。定时器指令见表 7-3。

表 7-3　定时器指令

语句表	梯形图	描述	语句表	梯形图	描述
FR	—	重新启动定时器	SS	SS	保持型接通延时定时器(线圈)
L	—	将当前定时器值作为整数装载到累加器 1	SF	SF	断开延时定时器(线圈)
LC	—	将当前定时器值作为 BCD 码装载到累加器 1	—	S_PULSE	S5 脉冲定时器
R	—	复位定时器	—	S_PEXT	S5 扩展的脉冲定时器
SP	SP	脉冲定时器(线圈)	—	S_ODT	S5 接通延时定时器
SE	SE	扩展的脉冲定时器(线圈)	—	S_ODTS	S5 保持型接通延时定时器
SD	SD	接通延时定时器(线圈)	—	S_OFFDT	S5 断开延时定时器

计数器指令:计数器的作用就像字面表达的意思一样就是为了计数的,计数器指令又可以分为加计数器指令和减计数器指令。如图 7-9 所示为加计数器,而减计数器则是 CU 改成 CD,其他位置不变,CU 和 CD 分别为加计数脉冲和减计数脉冲输入,R 为复位输入,Q 为计时器状态输入,PV 为与设计数值输入。

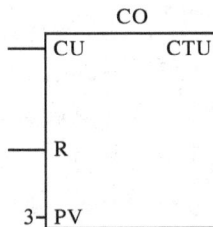

图 7-9　计数器

(3)数据处理指令

常见的数据处理指令包括比较指令、数据转换指令、移位与循环移位指令,这三个指令都代表了各自对数据处理的功能。

比较指令：比较指令是用来比较两个具有相同数据类型的有符号数，指令助记符中的I、D、R分别表示比较整数、双整数和浮点数。数据转换指令：数据转换指令是将累加器1中的数据进行数据类型的转换，转换的结果仍然在累加器1。数据转换指令主要作用就是将BCD码和整数、双整数和浮点数进行相互转换，根据程序的需要进行两两之间转换。

移位与循环移位指令：移位与循环移位指令就是将累加器1中的整个内容诸位向左或者向右移0～32位。

数学运算指令：数学运算指令包括了整型数学运算指令、浮点型数学运算指令。其中整型数学运算指令与浮点型数学运算指令几乎一样，只是两者作用的一个是整型，一个是浮点型。但两者也有比较大的区别，整型数学运算指令只包含了加减乘除的整数以及双整数运算，而浮点型数学运算指令还包括了更为复杂的函数运算。

以上所介绍的指令都是在PLC的编程中会经常用到的，这些指令有的相似，有的很不同，但是目的都是一样的，为了让PLC程序能正常运行。

三、PLC 编程实例

PLC的基本知识已经讲解完毕，现在我们来看一下PLC编程实例。

实例1　厕所小便控制系统

案例要求：

当有人在便槽前站立超过 3s 时，喷水系统开启，喷水时间为 4s；当人离开时，喷水系统开启，喷水时间为 4s；

程序编写：

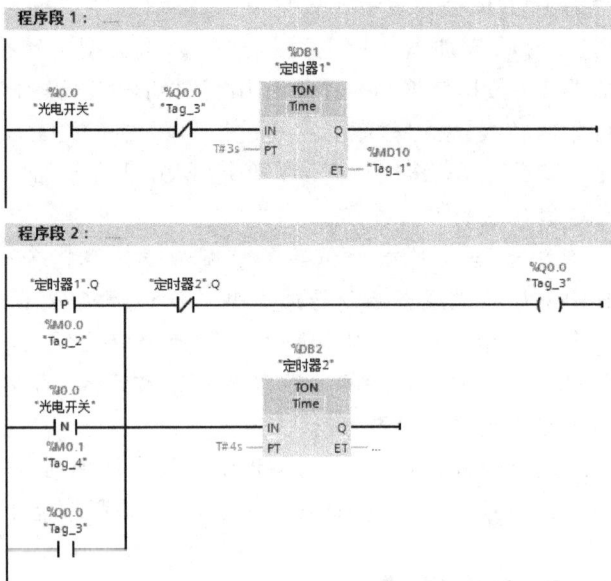

程序段 1：

```
                                    %DB1
                                   "定时器1"
  %I0.0        %Q0.0                 TON
"光电开关"      "Tag_3"               Time
  ─┤├──────────┤/├──────────────┤IN        Q├──────────────
                            T#3s─┤PT       ET├──%MD10
                                              "Tag_1"
```

程序段 2：

```
 "定时器1".Q    "定时器2".Q                              %Q0.0
   ─┤P├─────────┤/├─────────────────────────────────┤ ┤─
   %M0.0                                             "Tag_3"
   "Tag_2"
                               %DB2
                              "定时器2"
   %I0.0                       TON
 "光电开关"                     Time
   ─┤N├─────────────────────┤IN        Q├──
   %M0.1               T#4s─┤PT       ET├──
   "Tag_4"

   %Q0.0
   "Tag_3"
   ─┤├─
```

实例 2 运料小车案例

案例要求：

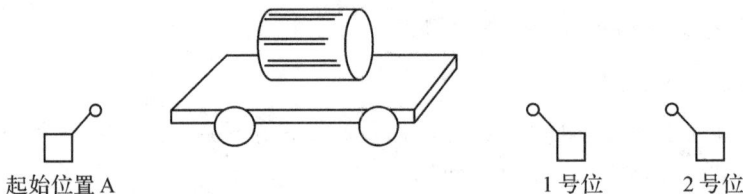

起始位置 A   1 号位   2 号位

运料小车控制系统工艺要求如下：

① 按下开始按钮，小车从起始位置 A 装料。如果小车不在起始位置，则需要先让小车运行到起始位置。

② 装料时间为 10s，10s 后小车前进驶向 1 号位，到达 1 号位后停 8s 卸料，卸料后小车返回。

③ 小车返回到起始位置 A 继续装料 10s，10s 后小车第二次前进驶向 2 号位，到达 2 号位后停 8s 卸料，卸料后小车返回起始位置 A。

④ 开始下一轮循环工作。

⑤ 工作过程中若按下停止按钮，需完成一个工作周期后才停止工作。

程序编写：

程序段 1：

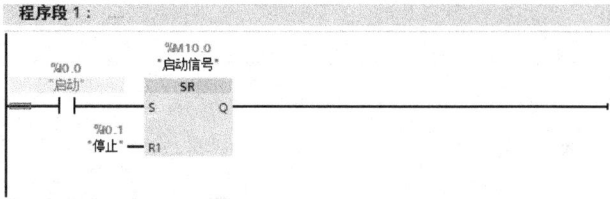

程序段 2：

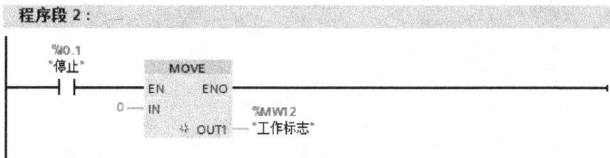

程序段 3：

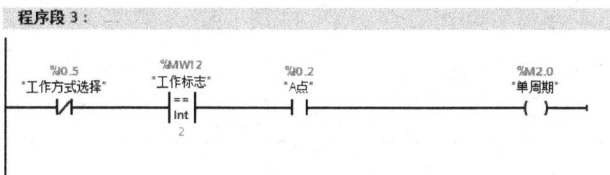

程序段 4：

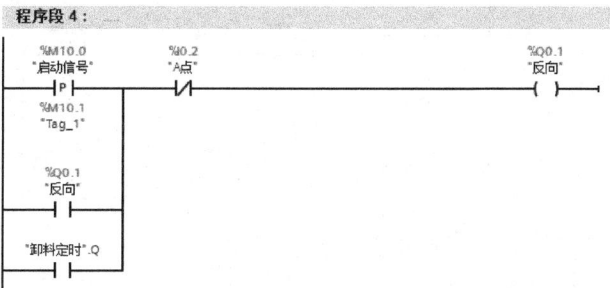

程序段 5：

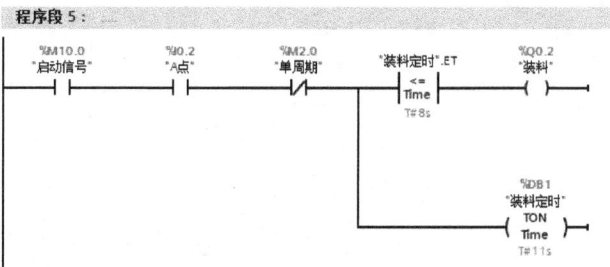

程序段 6：

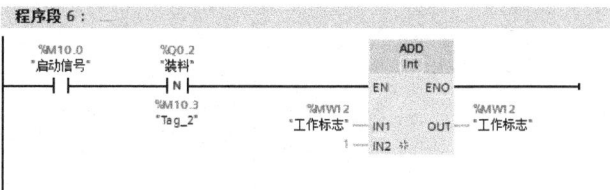

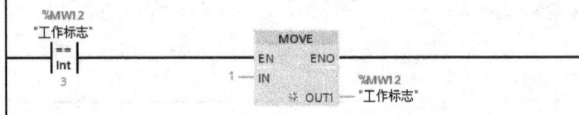

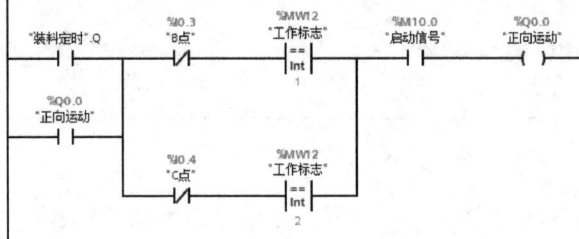

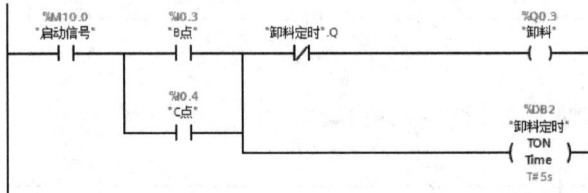

【问题与思考】

    1. PLC 控制比继电器控制好在哪里？

    2. PLC 常用于哪里？

第八章　传感器技术及其应用

【学习目标】

1.掌握传感器技术的意义。

2.了解传感器技术的研究现状。

3.了解传感器技术的应用案例。

4.基本具备传感器技术的创新思维。

【案例导入】

小米科技有限责任公司成立于 2010 年,小米公司成立初期是为了做手机,随着公司的发展,其业务也在逐步扩大,从只做手机发展到笔记本、路由器以及各种家居产品。虽然现在小米手机销量一直在增加,但是其各类家居产品更受年轻人的关注,主要包括空气净化器、IH 电饭锅、智能感应灯、扫地机器人等等,凭借其极高的性价比和良好的"黑科技"一下子占据了市场。

小米公司所生产的各类家居产品,有些具有很高的科技感,但是有些其实很简单,主要利用了传感器技术,像最简单的智能感应灯就是利用了红外传感器技术原理制作而成的,而像扫地机器人所具有的传感器的种类和数量就会比感应灯要多得多,比如各种位移传感器、红外传感器、距离传感器等等。

在如今的云计算、人工智能的大环境下,小米公司不限于目前的格局,着力开发更多的智能产品,让我们现在的生活发生改变,让其变得更智能化、更简单化。

（案例来源:小米科技有限责任公司官网）

第一节　传感器的概述

一、传感器的定义与组成

根据我国国家标准,传感器被定义为能够感受规定的被测量,并按照一定规律转换成可用输出信号的器件和装置。其中,敏感元件是指传感器中能直接感受和响应被测量的部分;转换元件是指传感器中能将敏感元件的感受或响应的被测量转换成适于传输和测量的电信号部分。传感器的共性就是利用物理定律或物质的物理、化学或生物特性,将非电量(如位移、速度、加速度、力等)输入转换成电量(电压、电流、频率、电荷、电容、电阻等)输出。

根据传感器的定义,传感器的基本组成分为敏感元件和转换元件,分别完成检测和转换两个基本功能。值得一提的是,一方面,并不是所有的传感器都能明显地区分敏感元件和转换元件这两个部分,如半导体器皿或湿度传感器、热电偶、压电晶体、光电器件等,它们一般是将感受到的被测量直接转换为电信号输出,即将敏感元件和转换元件两者的功能合二为一了;另一方面,只由敏感元件和转换元件组成的传感器通常输出信号较弱,还需要信号调理与转换电路将输出信号进行放大并转换为容易传输、处理、记录和显示的形式。信号调理与转换电路的作用:一是把来自传感器的信号进行转移和放大,使其更适合于做进一步处理和传输,多数情况下是将各种电信号转换为电压、电流、频率等少数几种便于测量的电信号;二是进行信号处理,即对经过转换的信号,进行滤波、调制或解调、衰减、运算、数字化处理等。常见的信号调理与转换电路有放大器、电桥、振荡器、电荷放大器等。另外,传感器的基本部分和信号调理与转换电路还需要辅助电源提供工作能量。传感器的典型组成如图 8-1 所示。

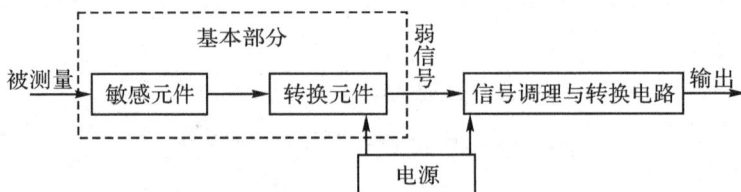

图 8-1　传感器的组成

利用电路中电信号的强弱传送信息的方法称为"电传送",目前,电子信息技术发展最成熟,电信号的使用最普遍和方便。传感器的输出信号一般为电信号,由于不同种类的传感器的检测与转换原理各不相同,因此它们输出的电信号有多种形式,如连续信号(模拟信号)与离散信号(脉冲信号)、开关信号或数字信号等,周期性信号与非周期性信号,电压、电流、电荷信号或幅值、频率、相位信号等,每一种传感器输出的电信号形式取决于其工作原理和设计要求。

二、传感器的分类

传感器可按输入量、输出量、工作原理、基本效应、能量变换关系以及所蕴含的技术特征等分类。

1. 按传感器的输入量分类(即被测参数)进行分类

按输入量分类的传感器以被测物理量命名,如位移传感器、速度传感器、温度传感器、湿度传感器、压力传感器等。

2. 按传感器的输出量进行分类

传感器按输出量可分为模拟式传感器和数字式传感器两类。模拟式传感器是指传感器的输出信号为连续形式的模拟量;数字式传感器是指传感器的输出信号为离散形式的数字量。

目前,模拟式传感器占绝大多数,现在设计的测控系统往往要用到微处理器,因此,通常需要将模拟式传感器输出的模拟信号通过 DAC(模/数转换器)转换成数字信号;数字式传感器输出的数字信号便于传输,具有重复性好、可靠性高的优点,虽然数字式传感器的种类目前还不太多,但它是一个重要的发展方向。

3. 按传感器的工作原理进行分类

根据传感器的工作原理(物理定律、物理效应、半导体理论、化学原理等),可以分为电阻式传感器、电感式传感器、电容式传感器、压电式传感器、磁敏式传感器、热电式传感器、光电式传感器等。这种分类方法通常在讨论传感器的工作原理时使用。

4. 按传感器的基本效应进行分类

根据传感器敏感元件所蕴含的基本效应,可以将传感器分为物理传感器、化学传感器和生物传感器。

物理传感器是指依靠传感器的敏感元件材料本身的物理特性变化或转换元件的结构参数变化来实现信号的变换,如水银温度计是利用水银的热胀冷缩现象把温度变化转变成水银柱的高低变化,从而实现对温度的测量。物理传感器按其构成可细分为物性型传感器和结构型传感器。

(1)物性型传感器是指依靠敏感元件材料本身物理特性的变化来实现信号的转换,如水银温度计;物性传感器主要指近年来出现的半导体类、陶瓷类、光纤类或其他新型材料的传感器,如利用材料在光照下改变其特性可以制成光敏传感器,利用材料在磁场作用下改变其特性可以制成磁敏式

143

传感器等。

(2)结构型传感器是指依靠传感器转换元件的结构参数变化来实现信号的转换,主要是通过机械结构的几何尺寸和形状变化,转化为相应的电阻、电感、电容等物理量的变化,从而检测出被测信号,如变极距型电容式传感器就是通过极板间的变化来实现对位移等物理量的测量。

化学传感器是指依靠传感器的敏感元件材料本身的电化学反应来实现信号的变换,用于检测无机或有机化学物质的质分和含量,如气敏传感器、湿度传感器。化学传感器广泛用于化学分析、化学工业的在线检测及环境保护检测中。

生物传感器是利用生物活性物质选择性的识别来实现对生物化学物质的测量,即依靠传感器的敏感元件材料本身的生物效应来实现信号的变换。由于生物活性物质对某种物质具有选择性亲和力(即功能识别能力),可以利用生物活性物质的这种单一识别能力来判断某种物质是否存在、其含量是多少;待测物质经扩散作用进入固定化生物敏感膜层,经分子识别,发生生物反应,产生的信息被相应的化学或物理换能器转变成可定量和可处理的电信号,如酶传感器、免疫传感器。生物传感器近年发展很快,在医学诊断、环保监测等方面有广泛的应用前景。

5. 按传感器的能量关系进行分类

按能量关系,传感器分为能量变换型传感器和能量控制性传感器。

能量变换性传感器,又称为发电型或无源型传感器,其输出端的能量是由被测对象去除的能量转换而来的。它无须外加电源就能将被测的非电能量转换成点能量输出;它无能量放大作用,要求从被测对象获取的能量越大越好。这类传感器包括热电偶、光电池、压电式传感器、磁电感式传感器、固体电解质齐敏传感器等。

能量控制型传感器,又称为参量型或有源型传感器,这类传感器本身不能换能,其输出的电能量必须由外加电源供给,而不是由被测对象提供的。但由被测对象的信号控制电源提供给传感器输出端的能量,并将电压(或电流)作为被测量相对应当额输出信号。由于能量控制型传感器的输出能量是由外加电源供给的,因此,传感器输出端的电能可能大于输入端的非电能量,所以这种传感器具有一定的能量放大作用。属于这种类型的传感器包括电阻式、电感式、电容式、霍尔式和某些光电式传感器等。

6. 按传感器所蕴含的技术特征进行分类

按所蕴含的技术特征,传感器可分为普通传感器和新型传感器。

普通传感器发展较早,是一类应用传统技术的传感器。随着计算机、嵌入式系统、网络通信和微加工技术的发展,现在出现了许多新型传感器,如传感器与微处理器的结合,产生了具有一定数据处理能力和自检、自校、自补偿等功能的智能传感器;模糊数学原理在传感器中的应用,产生了输出量为非数值符号的模糊传感器;传感器与微机电系统技术的结合,产生了具有微小尺寸的微传感器;网络接口芯片、嵌入式通信协议和传感器的结合,产生了能够方便接入现场总线测控的网络或组建传感器网络的网络传感器。所有这些新型传感器的出现,对传感器与检测技术的发展起到了巨大的推动作用。

三、传感器技术的发展

一方面,传感器技术在科学研究、工农业生产、日常生活等许多方面发挥着越来越重要的作用;另一方面,人们的应用需求对传感器技术又提出了越来越高的要求,这推动着传感器技术不断向前发展。总体来说,传感器技术的发展趋势表现为六个方面:一是提高与改善传感器的技术性能;二是开展基础理论研究,寻找新原理、开发新材料、采用新工艺或探索新功能等;三是传感器的集成化;四是传感器的智能化;五是传感器的网络化;六是传感器的微型化。

第二节　传感器的具体介绍与应用

一、电阻式传感器

电阻式传感器的基本工作原理是将被测量的变化转化为传感器电阻值的变化,再经一定的测量电路实现对测量结果的输出。电阻式传感器应用广泛、种类繁多,如电位器式、应变式、热电阻和热敏电阻等;电位器电阻式传感器是一种把机械线位移或角位移输入量通过传感器电阻值的变化转换为电阻或电压输出的传感器;应变电阻式传感器是通过弹性元件的传递将被测量引起的形变转换为传感器敏感元件的电阻值变化。本章主要介绍应变电阻式传感器,热电阻和热敏电阻将在热电式传感器部分介绍。

1.电阻式传感器的优点

(1)有较大的非线性、输出信号较弱,但可采取一定的补偿措施。因此它广泛应用于自动测试和控制技术中。

(2)电阻应变式传感器中的电阻应变片具有金属的应变效应,即在外力作用下产生机械形变,从而使电阻值随之发生相应的变化。

2.电阻式传感器的缺点

(1)对于大应变有较大的非线性、但输出信号较弱。

(2)随着时间和环境的变化,构成传感器的材料和器件性能会发生变化。因此不适用于长期监测,因为时漂、温漂较大,长时间测的话可能就无法取得真实有效的数据。

(3)易受到电场、磁场、振动、辐射、气压、声压、气流等的影响。

二、光敏电阻传感器

1.光敏电阻传感器结构

光敏电阻传感器是通过把光强度的变化转换成电信号的变化来实现控制的,它的基本结构包括光源、光学通路和光电元件三部分,它首先把被测量的变化转换成光信号的变化,然后借助光电元件进一步将光信号转换成电信号。

由于光敏电阻传感器是依靠被测物与光电元件和光源之间的关系,来达到测量目的的,因此光敏电阻传感器的光源扮演着很重要的角色,光敏电阻传感器的电源要是一个恒光源,电源稳定性的设计至关重要,电源的稳定性直接影响到测量的准确性,主要用到的光源是发光二极管。发光二极管是一种把电能转变成光能的半导体器件。它具有体积小、功耗低、寿命长、响应快、机械强度高等优点,并能和集成电路相匹配。因此,广泛地用于计算机、仪器仪表和自动控制设备中。

2.光敏电阻传感器工作原理

由于光敏电池即使在强光照射下,最大输出电压也仅0.6V,还不能使下一级晶体管有较大的电流输出,故必须加正向偏压,为了减小晶体管基极电路阻抗变化,尽量降低光电池在无光照时承受的反向偏压,可在光电池两端并联一个电阻。或者利用锗二极管产生的正向压降和光电池受到光照时产生的电压叠加,使硅管e、b极间电压大于0.7V,而导通工作。

半导体光电元件的光电转换电路也可以使用集成运算放大器。硅光敏二极管通过集成运放可得到较大输出幅度,当光照产生的光电流为时,输出电压为了保证光敏二极管处于反向偏置,在它的正极要加一个负电压,由于光电池的短路电流和光照呈线性关系,因此将它接在运放的正、反相输入端之间,利用这两端电位差接近于零的特点,可以得到较好的效果。

3.光敏电阻传感器特性及应用

随着科学技术的发展人们对测量精度有了更高的要求,这就促使光电传感器不得不随着时代步伐而更新,改善光电传感器性能的主要手段就是应用新材料、新技术制造性能更优越的光电元件。例如今天光电传感器的雏形,是一种小的金属圆柱形设备,发射器带一个校准镜头,将光聚焦射向接收器,接收器出电缆将这套装置接到一个真空管放大器上,在金属圆筒内有一个小的白炽灯作为光源的一种坚固的白炽灯传感器。由于这种传感器存在各种缺陷,逐渐在测量领域销声匿迹。到了光纤出现,因为它的各种优越的性能,于是出现了光纤与传感器配套使用的无源元件,另外光纤不受任何电磁信号的干扰,并且能使传感器的电子元件与其他电的干扰相隔离。正是因为这样,光电传感器具有其他传感器所不能取代的优越性,因此它发展前景非常好,应用也会越来越广泛。(如图 8-2)

图 8-2　光敏传感器元件

三、热电阻传感器

1. 热敏电阻传感器结构

普通型热电阻由感温元件(金属电阻丝)、支架、引出线、保护套管及接线盒等基本部分组成。为避免电感分量,热电阻丝常采用双线并绕,制成无感电阻。

2. 热敏电阻传感器工作原理

热敏电阻是一种新型的半导体测温元件。半导体中参加导电的是载流子,由于半导体中载流子的数目远比金属中的自由电子数目少得多,所以它的电阻率大。随温度的升高,半导体中更多的价电子受热激发跃迁到较高能级而产生新的电子—空穴对,因而参加到电的载流子数目增加了,半导体的电阻率也就降低了(电导率增加)。因为载流子数目随温度上升按指数规律增加,所以半导体的电阻率也就随温度上升按指数规律下降。热敏电阻正是利用半导体这种载流子数随温度变化而变化的特性制成的一种温度敏感元件。当温度变化1℃时,某些半导体热敏电阻的阻值变化将达到(3~6)%。在一定条件下,根据测量热敏电阻值的变化得到温度的变化。

3. 热敏电阻传感器特性及应用

热电阻传感器主要是利用电阻值随温度变化而变化这一特性来测量温度及与温度有关的参数。主要用途有测温、温度补偿、过热保护、液面的测量。

在温度检测精度要求比较高的场合,这种传感器比较适用。热电阻传感器具有电阻温度系数大、线性好、性能稳定、使用温度范围宽、加工容易等特点。用于测量-200℃~+500℃范围内的温度。(如图8-3)

图 8-3　热敏传感器及应用

四、电感式传感器

电感式传感器利用电磁感应原理将被测非电量如位移、压力、流量、振动等转换成线圈自感量 L 或互感量 M 的变化,再由测量电路转换为电压或电流的变化量输出。电感式传感器具有结构简单,工作可靠,测量精度高,零点稳定,输出功率较大等一系列优点,其主要缺点是灵敏度、线性度和测量范围相互制约,传感器自身频率响应低,不适用于快速动态测量。电感式传感器种类很多,常见的有自感式传感器,互感式传感器和电涡流式传感器三种。

电感式传感器的主要优点是:结构简单,可靠;灵敏度高,最高分辨力达 0.1μm;测量精确度高,输出线性度可达±0.1%;输出功率较大,在某些情况下可不经放大,直接接二次仪表。

五、变磁阻电感式传感器

当一个线圈中电流 i 变化时,该电流产生的磁通 Φ 也随之变化,因而在线圈本身产生感应电势 e,这种现象称之为自感。产生的感应电势称为自感电势。变磁阻式传感器的结构如图 8-4 所示。它由线圈、铁芯和衔铁三部分组成。铁芯和衔铁由导磁材料如硅钢片或坡莫合金制成,在铁芯和衔铁之间有气隙,气隙厚度为 δ,传感器的运动部分与衔铁相连。当衔铁移动时,气隙厚度 δ 发生改变,引起磁路中磁阻变化,从而导致电感线圈的电感值变化,因此只要能测出这种电感量的变化,就能确定衔铁位移量的大小和方向。

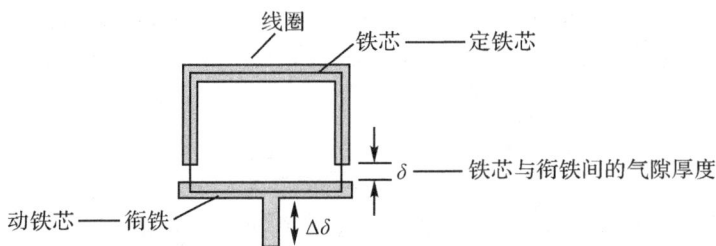

图 8-4 变磁阻式传感器的结构

特点:变磁阻式传感器具有很高的灵敏度,这样对待测信号的放大倍数要求低。但是受气隙 δ 宽度的影响,该类传感器的测量范围很小。

六、差动变压器电感式传感器

1.差动变压器电感式传感器工作原理

互感型传感器的工作原理是利用电磁感应中的互感现象,将被测位移量转换成线圈互感的变化。由于常采用两个次级线圈组成差动式,故又称差动变压器式传感器。

差动变压器结构形式有变隙式、变面积式和螺线管式等,但它们的工作原理基本一样,都是基于线圈互感量的变化来进行测量的。实际应用最多的是螺线管式差动变压器,它可以测量 1—100mm 范围内的机械位移,并具有测量精度高、灵敏度高、结构简单、性能可靠等优点。

差动变压器式传感器输出的电压是交流量,如用交流电压表指示,则输出值只能反应铁芯位移的大小,而不能反映移动的极性;同时,交流电压输出存在一定的零点残余电压,使活动衔铁位于中间位置时,输出也不为零。因此,差动变压器式传感器的后接电路应采用既能反应铁芯位移极性,又能补偿零点残余电压的差动直流输出电路。

把被测的非电量变化转换为线圈互感变化的传感器称为互感式传感器。这种传感器是根据变压器的基本原理制成的,并且次级绕组用差动形式连接,故称差动变压器式传感器。

2.差动变压器电感式传感器的应用

差动变压器电感式传感器可直接用于测量位移或与位移相关的机械量,如振动、压力、加速度、应变、比重、张力、厚度等。

图 8-5 为微压式传感器的结构,在无压力时,固定在膜盒中心的衔铁位于差动变压器中部,因而输出为零,当被测压力由接头输出到膜盒中时,膜盒的自由端产生一正比被测压力的位移,并带动衔铁在差动变压器中移动,其产生的输出电压能反映被测压力的大小。这种传感器经分档可测量 $-4 \times 10^4 \sim 6 \times 10^4 \mathrm{Pa}$ 力,精度为 1.5%。

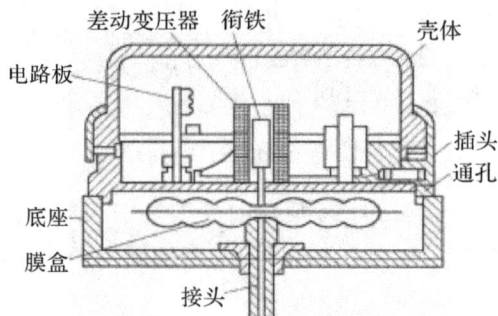

图 8-5　微压式传感器的结构

图 8-6 是 CPC 型差压计电路图。CPC 型差压计是一种差动变压器,当所测的 $P_1 P_2$ 的差压变化时,差压计内的膜片产生位移,从而带动固定在膜片上的差动变压器的衔铁移位,使差动变压器二次输出电压发生变化,输出电压的大小与衔铁的位移成正比,从而也与所测差压成正比。

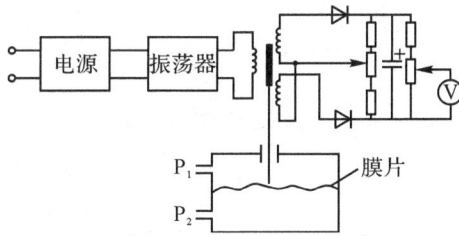

图 8-6　CPC 型差压计电路图

七、电涡流电感式传感器

电涡流电感式传感器是根据电涡流效应(Eddy Current Effect)制成的传感器。电涡流效应指的是这样一种现象:根据法拉第电磁感应定律,块状金属导体置于变化的磁场中或在磁场中作切割磁力线运动时,通过导体的磁通将发生变化,产生感应电动势,该电动势在导体表面形成电流并自行闭合,状似水中的涡流,称为电涡流。电涡流只集中在金属导体的表面,这一现象称为趋肤效应。

电涡流电感式传感器最大的特点:能对位移、厚度、表面温度、速度、应力、材料损伤等进行非接触式连续测量;它还具有体积小、灵敏度高、频带响应宽等特点,应用极其广泛。

1. 工作原理

电涡流电感式传感器原理结构如图 8-7 所示由传感器激励线圈和被测金属体组成。根据法拉第电磁感应定律,当传感器励磁线圈中以正弦交变电流时,线圈周围将产生正弦交变磁场,使位于该磁场中的金属导体产生感应电流,该感应电流又产生新的交变磁场。新的交变磁场的作用是为了反抗原磁场,这就导致传感器线圈的等效阻抗发生变化。传感器线圈受电涡流影响时的等效阻抗为 $Z = F(\rho, \mu, r, f, x)$ 中 $\rho\mu$ 被测体的电阻率和磁导率;

r——线圈与被测体的尺寸因子;

f——线圈与励磁电流的频率;

x——线圈与导体间的距离。

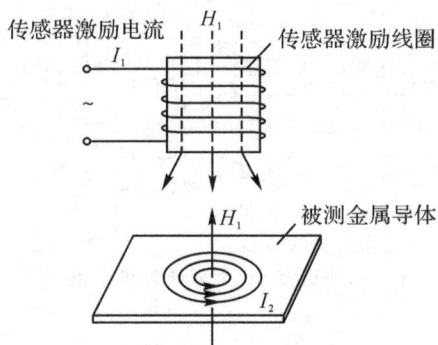

图 8-7　电涡流电感式传感器原理

由此可见,线圈阻抗的变化完全取决于被测金属导体的电涡流效应,分别与以上因素有关。如果只改变式中的一个参数,保持其他参数不变,传感器线圈的阻抗 Z 就只与该参数有关,如果测出传感器线圈阻抗的变化,就可确定该参数。实际应用时通常改变线圈与导体间的距离 x,而保持其他参数不变。

2.电涡流电感式传感器的应用

电涡流电感式传感器在测量位移或者转速等方面应用比较广泛,同时在探伤方面也有一定的作为。比如无损探伤仪,其原理就是采用了电涡流电感式传感器。该探伤仪在探测时,使传感器与被测体的距离不变,保持平行相对移动,遇有裂纹时,金属的电导率、磁导率发生变化,裂缝处的位移量也将改变,结果引起传感器的等效阻抗发生变化,通过测量电路达到探伤的目的。图 8-8 为无损探伤仪。

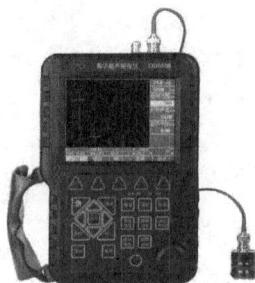

图 8-8　无损探伤仪

八、其他一些种类的传感器

其他一些常见的传感器如压电式传感器、磁敏式传感器、热式传感器、光电式传感器，以及一些不太常见的传感器如辐射与波式传感器、化学传感器、生物传感器以及新型传感器。

1.压电式传感器

压电式传感器是基于压电效应的传感器，是一种自发电式和机电转换式传感器。它的敏感元件由压电材料制成。压电材料受力后表面产生电荷，此电荷经电荷放大器和测量电路放大和变换阻抗后就成为正比于所受外力的电量输出。压电式传感器用于测量力和能变换为力的非电物理量。它的优点是频带宽、灵敏度高、信噪比高、结构简单、工作可靠和重量轻等。缺点是某些压电材料需要防潮措施，而且输出的直流响应差，需要采用高输入阻抗电路或电荷放大器来克服这一缺陷。

压电式传感器的主要应用有压电式力传感器、压电式加速度传感器、压电式交通检测。压电式传感器在汽车上运用到比较多，因为汽车交通事故往往是突然发生的，发生时间极短，人们通常没有足够的反应时间来主动保护自己，只有靠被动安全装置来减少事故对人体造成的伤害。目前，在汽车中广泛安装和使用的安全气囊就是一个例子，它可以在汽车发生严重碰撞时迅速重启以保护乘车人的安全，减少对人体（特别是头部和颈部）的伤害。

2.磁敏式传感器

磁敏传感器，顾名思义就是感知磁性物体的存在或者磁性强度（在有效范围内）这些磁性材料除永磁体外，还包括顺磁材料（铁、钴、镍及其它们的合金）当然也可包括感知通电（直、交）线包或导线周围的磁场。

传统的磁检测中首先被采用的是电感线圈为敏感元件。特点正是无须在线圈中通电，一般仅对运动中的永磁体或电流载体起敏感作用。后来发展为用线圈组成振荡槽路的。如探雷器，金属异物探测器，测磁通的磁通计等。

3.热电式传感器

热电式传感器可以分为热电偶传感器和热电阻传感器。

热电偶传感器是利用热电效应制成的温度传感器。所谓热电效应，就是两种不同材料的导体（或半导体）组成一个闭合回路，当两接点温度 T 和

T0 不同时,则在该回路中就会产生电动势的现象。由热电效应产生的电动势包括接触电动势和温差电动势。接触电动势是由于两种不同导体的自由电子密度不同而在接触处形成的电动势。其数值取决于两种不同导体的材料特性和接触点的温度。温差电动势是同一导体的两端因其温度不同而产生的一种电动势。其产生的机理为:高温端的电子能量要比低温端的电子能量大,从高温端跑到低温端的电子数比从低温端跑到高温端的要多,结果高温端因失去电子而带正电,低温端因获得多余的电子而带负电,在导体两端便形成温差电动势。

热电阻传感器是利用导体的电阻值随温度变化而变化的原理进行测温的。热电阻广泛用来测量－200～850℃范围内的温度,少数情况下,低温可测量至 1K,高温达 1000℃。标准铂电阻温度计的精确度高,作为复现国际温标的标准仪器。

热电偶传感器主要用在锅炉测温以及其他测温的地方,根据其工作原理,利用毫伏定值器给出给定温度的相应毫伏值,将热电偶的热电动势与定值器的毫伏值相比较,若有偏差则表示炉温偏离给定值,此偏差经放大器送入调节器,再经过晶闸管触发器推动晶闸管执行器来调整电炉丝的加热功率,直到偏差被消除,从而实现温度自动控制。

热电阻传感器一般用于对于温度变化要求比较高的地方,平时我们能接触到的机会不多,因此本文不多做介绍。

4. 光电式传感器

光电式传感器是基于光电效应的传感器,在受到可见光照射后即产生光电效应,将光信号转换成电信号输出。它除能测量光强之外,还能利用光线的透射、遮挡、反射、干涉等测量多种物理量,如尺寸、位移、速度、温度等,因而是一种应用极广泛的重要敏感器件。光电测量时不与被测对象直接接触,光束的质量又近似为零,在测量中不存在摩擦和对被测对象几乎不施加压力。因此在许多应用场合,光电式传感器比其他传感器有明显的优越性。其缺点是在某些应用方面,光学器件和电子器件价格较贵,并且对测量的环境条件要求较高。

5. 辐射与波式传感器

辐射传感器主要指的是红外传感器。红外辐射是一种人眼不可见的光纤,俗称红外线,因为它是介于可见光中红色光和微波之间的光线。红外线的波长范围大致在 0.76～1000μm,对应的频率大致在 4×10^{14}～3×10^{11}Hz 之间,工程上通常把红外线所占据的波段分成近红外、中红外、远红外和极远红外四个部分。红外辐射本质上是一种热辐射。任何物体的温度只要高于绝对零度,就会向外部空间以红外线的方式辐射能量。物体的温度越高,辐射出来的红外线越多,辐射的能量就越强(辐射能正比于温度的 4 次方)。另外一方面,红外线被物体吸收后将转化成热能。

红外传感器的应用主要体现在以下几个方面:

(1) 红外辐射计:用于热辐射和光谱辐射测量。

(2) 搜索和跟踪系统:用于搜索和跟踪红外目标,确定其空间位置并对其运动进行跟踪。

(3) 热成像系统:能形成整个目标的红外辐射分布图像。

(4) 红外测距系统:实现物体间距离的测量。

(5) 通信系统:红外线通信作为无线通信的一种方式。

由发射天线发出的微波,遇到被测物体时将被吸收或反射,使功率发生变化。若利用接收天线接收通过被测物体或由被测物反射回来的微波,并将它转换成电信号,再由测量电路处理,就实现了微波检测。微波具有以下特点:(1)需要定向辐射;(2)遇到障碍物容易反射;(3)绕射能力差;(4)传输特性好,传输过程中受烟雾、灰尘等的影响较小;(5)介质对微波的吸收大小与介质介电常数成正比,如水对微波的吸收作用最强。

微波传感器的基本测量原理:发射天线发出微波信号,该微波信号在传播过程中遇到被测物体时将被吸收或反射,导致微波功率发生变化,通过接受天线将接收到的微波信号转换成低频电信号,再经过后续的信号调理电路等环节,即可显示出被测量的数据。(见表 8-1)

表 8-1 微波检测方法用途和比较

方法	物理原理	用途
穿透法	在材料内传输的微波,根据材料内部状态和介质特性不同相应形成透射、散射、部分反射量的差异,测量透射信号的幅度、相位或频率所产生的变化。	测量厚度、密度、湿度、介电常数、固化度、热老化度、化学成分、组分化、纤维含量、气孔、夹杂、聚合、氧化、酯化。
反射法	由材料表面和内部界面反射的微波,其幅度、相位或频率随表面或内部界面状态(介电特性)而相应变化,测量引起变化的参量。	检测航空专用玻璃钢、宇航防热用铝基存聚氨酯泡沫、胶接件等的脱粘、分层、气孔、夹杂、疏松测定金属极度、带状表面的裂缝、划痕深度、测量厚度、湿度、密度及混合物含量等。

方法	物理原理	用途
干涉法	两个或两个以上微波波束同时以相同或相反方向传播，彼此产生干涉，监视驻波相位或幅度变化，或建立微波全息图像。	检测不连续（如分层、脱粘、裂缝）。
散射法	穿透材料的微波随材料内容散射中心（气孔、夹杂、空洞）而产生散射。	检测气孔、夹杂、空洞及裂缝。

微波探测用得比较多的是在探伤或者测厚度方面。较长时间来，各国主要采用超声、射线和其他类型的测厚仪。在热轧钢板和冷轧金属带材生产过程中，需要快速检测成品厚度，显然采用接触式量具不适应了。随着微波技术的发展，微波也用于金属和非金属板材、带材的厚度测量。利用微波反射法和驻波技术的微波厚度计，把厚度计传感器对着板材，并在非金属板材背面镀金属薄膜或贴附一块金属板。这样，在波导中形成驻波，可以用探针进行测量。将一已知厚度的标准板放在传感器上，调整信号源，在示波器上可观测到一个波形。如板材厚度大于或小于已知厚度，在驻波响应曲线上可以观测到原先波形叠加的尖锐脉冲位置向右或向左的变化。这样根据不同板材厚度就可以对仪器指示进行标定。这种测厚法适用于金属板上的非金属覆盖层，泡沫及大多数纤维增强塑料的厚度测量。例如图 8-9(b)是铝板基体聚乙烯涂层厚度测量，范围为 0.25～0.05毫米；图 8-9(c)是制造船体用玻璃纤维增强树脂板厚度测量，范围为 8～10毫米；图 8-9(d)是在宇航工业中飞船防热罩用铝基聚氨酯泡沫材料厚度测量，范围为 50～60 毫米。另外测量 150 毫米厚度的塑料板材，分辨率可达0.1毫米。

还有一种在生活生产中常见的波式传感器是超声波传感器。超声波传感器是一种以超声波作为检测手段的新型传感器。利用超声波的各种特性，可做成各种超声波传感器，再配上不同的测量电路，制成各种超声波仪器及装置，广泛应用于冶金、船舶、机械等各个工业部门的超声探测、超声清洗、超声焊接，医院的超声医疗和汽车的倒车雷达等方面。超声波传感器主要通过发送超声波并接受超声波来对某些参数或事项进行检测。发送超声波由发送器部分完成，主要利用振子的振动产生并向空中辐射超声波；接收超声波由接收器部分完成，主要接受由发送器辐射出的超声波并将其转换为电能输出；除此之外，发送器与接收器的动作都受控制部分控制，如控制发送器发出超声波的脉冲连频率、占空比、探测距离等等；整体系统的工作也需能量的提供，由电源部分完成。这样，在电源作用下、在

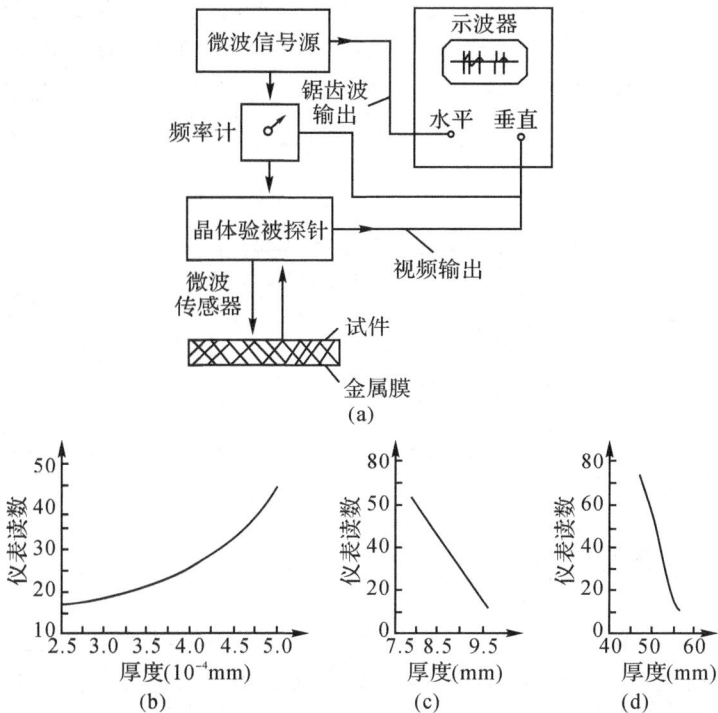

（a）

（a）一个简单的微波厚度计方框图　　（b）铝基聚乙烯涂层厚度测量结果
（c）玻璃纤维增强树脂板厚测量结果　（d）铝基聚氨酯泡沫厚度测量结果
图 8-9　简单的微波厚度计及三中材料厚度的测量结果

控制部分控制下,通过发送器发送超声波与接收器接收超声波便可完成超声波传感器所需完成的功能。

十、化学传感器

化学传感器(Chemical Sensor)是对各种化学物质敏感并将其浓度转换为电信号进行检测的仪器。类比于人的感觉器官,化学传感器大体对应于人的嗅觉和味觉器官。但并不是单纯的人体器官的模拟,还能感受人的器官不能感受的某些物质,如各种有毒有害气体(如 CO、NO_2、H_2S、NO 等等)。化学传感器主要有气敏传感器、湿敏传感器。气敏传感器的测量对象是气体,将气体的浓度转换为电信号输出;而湿敏传感器的测量对象是湿度,将湿度变化转化为电信号输出。

化学传感器运用得比较广泛,很重要且常见的有交警经常使用的酒精检测仪,酒精检测仪实际上是由酒精气体传感器(相当于随酒精气体浓度变化的变阻器)与一个定值电阻及一个电压表或电流表组成。图 8-10 为它的原理图。图中 R1 为定值电阻,酒精气体传感器 R2 的电阻值随酒精气体浓度的增大而减小,如果驾驶员呼出的酒精气体浓度越大,那么测试仪的电压表示数越大。

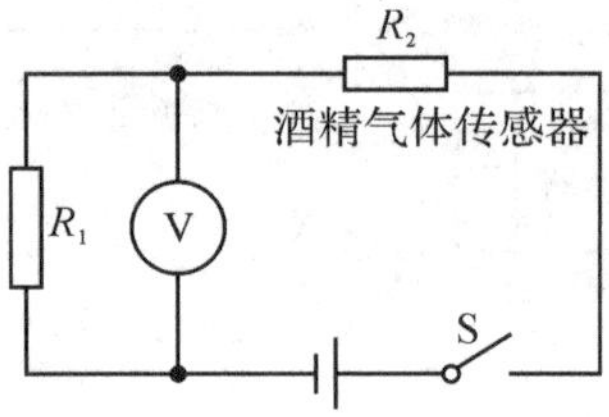

图 8-10　酒精检测仪原理图

十一、生物传感器

生物传感器(Biosensor),是一种对生物物质敏感并将其浓度转换为电信号进行检测的仪器,是由固定化的生物敏感材料作识别元件(包括酶、抗体、抗原、微生物、细胞、组织、核酸等生物活性物质)、适当的理化换能器(如氧电极、光敏管、场效应管、压电晶体等等)及信号放大装置构成的分析工具或系统。生物传感器具有接收器与转换器的功能。

生物传感器的特点主要有:(1)采用固定化生物活性物质作催化剂,价值昂贵的试剂可以重复多次使用,克服了过去酶法分析试剂费用高和化学分析烦琐复杂的缺点;(2)专一性强,只对特定的底物起反应,而且不受颜色、浊度的影响;(3)分析速度快,可以在一分钟得到结果;(4)准确度高,一般相对误差可以达到 1‰;(5)操作系统比较简单,容易实现自动分析;(6)成本低,在连续使用时,每例测定仅需要几分钱人民币;(7)有的生物传感器能够可靠地指示微生物培养系统内的供氧状况和副产物的产生。在产控制中能得到许多复杂的物理化学传感器综合作用才能获得的信息。同时它们还指明了增加产物得率的方向。

目前,生物传感器应用较多的领域是医疗检验、环境监测、发酵工业、食品工业、生物工程、农业、畜牧等与生命科学关系密切的一些领域。比如临床上用免疫传感器等生物传感器来监测体液中的各种化学成分,为医生得到诊断提供依据;发酵工业中使用生物传感器在线分析系统,为发酵自动控制提供了新的基础平台;生物工程产业中使用生物传感器监测生物反应器内各种物理、化学、生物的参数变化以便加以控制;环境监测中使用生物传感器监测大气和水中各种污染物质含量;视频行业中用生物传感器监测食品中营养成分和有害成分的含量以及食品的新鲜程度等。随着社会的进一步信息化,生物传感器必将获得越来越广泛的应用。

生物传感器是一个多学科交叉的高技术领域,微电子技术、制造技术、生物材料学和信息技术的飞速发展为生物传感器的发展打下了坚实基础,伴随着生物科学、信息科学和材料科学等相关学科的高速发展,生物传感器在食品、医药、环境和过程监控等方面应用范围不断扩大,人们对生物传感器也提出了更高的要求,生物传感器将微处理器和数据交流系统结合,向大规模数据获取和实时处理、多功能化、智能化、小型化方向发展。

十二、新型传感器

新型传感器是相对于传统传感器而言,随着技术的发展和时间的推移,于近年新出现的一类传感器。新型传感器在智能化、多功能化、综合性、集成化、网络化等方面具有别于传统传感器的明显特征。本节主要介绍智能传感器。

智能传感器是基于人工智能、信息处理技术实现的具有分析、判断、量程自动转换、漂移、非线性和频率响应等自动补偿,对环境影响量的自适应,自学习以及超限报警、故障诊断等功能的传感器。与传统的传感器相比,智能传感器是具有信息处理功能的传感器。智能传感器带有微处理机,具有采集、处理、交换信息的能力,是传感器集成化与微处理机相结合的产物。与一般传感器相比,智能传感器具有以下三个优点:通过软件技术可实现高精度的信息采集,而且成本低;具有一定的编程自动化能力;功能多样化。智能传感器基本结构如图 8-11 所示:

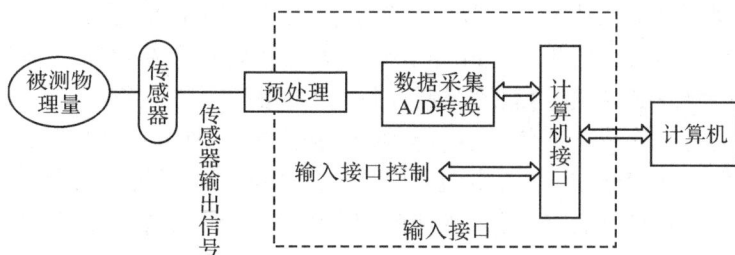

图 8-11 智能传感器基本结构

随着科技发展,传感器的应用也变得越来越普遍了,大到各种生产线以及各类大型机械都会用到各种传感器,小到各类的感应灯都是用到了几种传感器,本文就简单介绍一下几种常用型的感应灯。

现在市面上常见的感应灯有四种,红外线感应灯,触摸式感应灯,声控感应灯和光控感应灯。

首先我们了解一下红外线感应灯,红外感应的主要器件为人体热释电红外传感器。人体热释电红外传感器:人体都有恒定的体温,一般在37℃左右,所以会发出特定波长10UM左右的红外线,被动式红外探头就是探测人体发射的10UM左右的红外线而进行工作的。人体发射的10UM左右的红外线通过菲涅尔透镜滤光片增强后聚集到红外感应源上。红外感应源通常采用热释电元件,这种元件在接收到人体红外辐射温度发生变化时就会失去电荷平衡,向外释放电荷,后续电路经检测处理后就能触发开关动作。当有人进入开关感应范围时,专用传感器探测到人体红外光谱的变化,开关自动接通负载,人不离开感应范围,开关将持续接通;人离开后或在感应区域内无动作,开关延时(时间可调 TIME:5 120秒)自动关闭负载。红外感应开关感应角度120度,距离7—10米,延时时间可调。

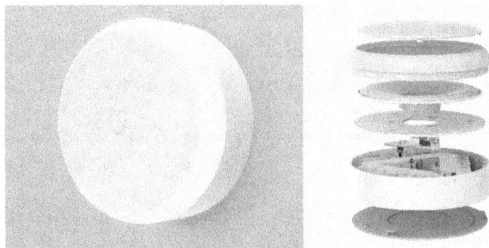

图 8-12　小米感应灯及其结构图

其次我们再了解一下触摸式感应灯,其原理是内部安装电子触摸式 ic 与灯触摸处之电极片形成一控制回路。当人体碰触到感应之电极片,触摸信号借由脉动直流电产生一脉冲信号传送至触摸感应端,接着触摸感应端会发出一触发脉冲信号,就可控制开灯;如再触摸一次,触摸信号会再借由脉动直流电产生一脉冲信号传送至触摸感应端,此时触摸感应端就会停止发出触发脉冲信号,当交流电过零时,灯自然熄灭。不过有时停电后或电压不稳也会有自行亮起情形,如果触摸接收信号敏感度极佳,纸张或布也是可以控制的。

现在科学技术发展速度很快,传感器的价格也逐步降低,导致很多企业都能自主生产各种感应灯,现在市面上常见的且反响颇好的是小米的感应灯,价格便宜且实用,如图 8-12 就是小米感应灯及其结构图。同时小米公司还有生产其他的感应器,如温度感应器、湿度感应器等等,这些可以和空调相连,智能化控制房间的温度和湿度。

【问题与思考】

1.智能物流中最常用的传感器是哪一类?

2.什么是传感器?

3.传感器该怎么选择?

参 考 文 献

[1] 林庆.物流3.0"互联网＋"开启智能物流新时代[M].北京:人民邮电出版社,2017.

[2] 燕鹏飞.智能物流链接"互联网＋"时代亿万商业梦想[M].北京:人民邮电出本社,2017.

[3] 王先庆,李征坤,刘芳栋,等.互联网＋物流:"互联网＋"时代下一个千亿级"风口"[M].北京:人民邮电出版社,2015.

[4] 刘小华.大转型"互联网＋"时代,传统企业的自我颠覆与变革[M].北京:人民邮电出版社,2016.

[5] 程忠良."互联网"＋时代出版业发展路径研究[M].合肥:中国科学技术大学出版社,2016.

[6] 王旭川.社群商业 互联网＋商业模式和创新方法[M].北京:机械工业出版社,2016.

[7] 本·安杰尔.朝九晚五 互联网＋时代草根创业完全手册[M].谢绍东,林文韵,译.北京:电子工业出版社,2015.

[8] 陈宇明."互联网＋"时代企业转型升级[M].北京:企业管理出版社,2016.

[9] 陈炳祥.跨界营销"互联网＋"时代的营销创新与变革[M].北京:人民邮电出版社,2017.

[10] 杨健.降维打击"互联网＋"大数据时代颠覆性变革的力量[M].北京:时代华文书局,2016.

[11] 陈睿,杨永忠.互联网创意产品运营模式"互联网＋文化创意"的微观机制[M].北京:经济管理出版社,2017.

[12] 任兴洲,王微,王青."互联网＋流通"创新实践、成效与政策[M].北京:中国发展出版社,2016.

[13] 余来文.互联网＋商业模式的颠覆与重塑[M].北京:经济管理出版社,2016.

[14] 秦明,秋叶.微信营销与运营[M].北京:人民邮电出版社,2017.

[15] 苑春林,杨晓丹.互联网＋长尾营销营销法则与经典案例:Marketing

Law and Classical Cases[M]. 北京:中国经济出版社,2016.

[16] 李季,杜平."互联网＋"时代的政府管理创新[M]. 北京:社会科学文献出版社,2016.

[17] 杨家诚.自组织管理"互联网＋"时代的组织管理模式[M]. 北京:人民邮电出版社,2016.

[18] 李枢伟.互联网＋万众创新 互联网引领者的思考[M]. 北京:当代世界出版社,2016.

[19] 朱相望,王亨."互联网＋"背景下零售业转型与颠覆[M]. 北京:企业管理出版社,2016.

[20] 仲昭川.互联网哲学 互联网＋时代的人类智慧[M]. 北京:电子工业出版社,2015.

[21] 胡荣.智慧物流与电子商务[M]. 北京:电子工业出版社,2016.

[22] 三宅信一郎,周文豪.RFID 物联网世界最新应用[M]. 北京:北京理工大学出版社,2012.

[23] Damith C. Ranasinghe , Quan Z. Sheng, Sherali Zeadally . 物联网RFID 多领域应用解决方案[M].周朝伟,邵艳清,王恒,译.北京:机械工业出版社,2014.

[24] 王佳斌,张维纬,黄诚惕.RFID 技术及应用[M]. 北京:清华大学出版社,2016.

[25] Klaus Finkenzeller.射频识别技术原理与应用(第六版)[M]. 王俊峰,等,译.北京:电子工业出版社,2015.

[26] Richard K. Barnhart 等.无人机系统导论[M]. 北京:国防工业出版社,2014.

[27] 简·诺曼.无人告诉你如何经营自己的企业[M]. 北京:中华工商联合出版社,2000.

[28] 鲁斌,等,编.人工智能及应用[M]. 北京:清华大学出版社,2017.

[29] 凯文·塔尔博特,等.移动革命:人工智能平台如何改变世界[M]. 北京:机械工业出版社,2017.

[30] 卡鲁姆·蔡斯.经济奇点:人工智能时代,我们将如何谋生？[M]. 北京:机械工业出版社,2017.

[31] 尹丽波.人工智能发展报告 2016—2017 [M]. 北京:社会科学文献出版社,2017.

[32] 井上达彦.深度模仿:人工智能时代如何发掘创新基因[M].南昌:江西人民出版社,2017.

[33] 李智勇.终极复制:人工智能将如何推动社会巨变[M].北京:机械工业出版社,2016.

[34] 胡迪·利普森,梅尔芭·库曼.无人驾驶[M].文汇出版社,2017.

[35] 赵云超,郑宇.无人机入门宝典[M].济南:山东人民出版社,2017.

[36] 亚当·罗斯坦.无人机时代:即将到来的无人机革命[M].北京:机械工业出版社,2017.

[37] 谢希仁.计算机网络[M].北京:电子工业出版社,2017.

[38] 王达.深入理解计算机网络[M].北京:水利水电出版社,2017.

[39] 韩立刚.计算机网络原理创新教程[M].水利水电出版社,2017.

[40] 史忠植.人工智能[M].北京:机械工业出版社,2016.

[41] 吴成东.智能无线传感器网络原理与应用[M].北京:科学出版社,2018.

[42] 周英,卓金武,卞月青.大数据挖掘:系统方法与实例分析[M].北京:机械工业出版社,2016.

[43] 吕晓玲,宋捷.大数据挖掘与统计机器学习[M].北京:中国人民大学出版社,2016.

[44] 张良均.MATLAB数据分析与挖掘实战[M].北京:机械工业出版社,2015.

[45] 阿里巴巴数据技术及产品部.大数据之路:阿里巴巴大数据实践[M].北京:电子工业出版社,2017.

[46] 朱洁.大数据架构详解:从数据获取到深度学习[M].北京:电子工业出版社,2016.

[47] 吴丽.西门子S7-300PLC基础与应用[M].北京:机械工业出版社,2015.

[48] 廖常初.S7-300/400PLC应用技术[M].北京:机械工业出版社,2016.

[49] 柳春生.西门子PLC应用与设计教程[M].北京:机械工业出版社,2011.

[50] 张还.图解西门子S7-300/400 PLC控制系统设计快速入门[M].北京:机械工业出版社,2011.

[51] 刘建华,张静之.传感器与PLC应用[M].北京:科学出版社,2009.

[52] 吴建平.传感器原理及应用[M].北京:机械工业出版社,2012.

[53] 胡向东.传感器与检测技术[M].北京:机械工业出版社,2013.

[54] 余成波,陶红艳.传感器与现代检测技术[M].北京:清华大学出版社,2014.